Herbert Lackner

Als Schnitzler mit dem Kanzler stritt

Herbert Lackner

Als **Schnitzler** mit dem **Kanzler** stritt

Eine politische Kulturgeschichte Österreichs

ueberreuter

Mit freundlicher Unterstützung durch den Zukunftsfonds der Republik Österreich

ZukunftsFonds
der Republik Österreich

S. 9: ÖNB-Bildarchiv / picturedesk.com
S. 15: Sammlung Rauch / Interfoto / picturedesk.com
S. 23: ANNO/Österreichische Nationalbibliothek
S. 32: Winkler, Karl / ÖNB-Bildarchiv / picturedesk.com
S. 35: Waléry / Roger Viollet / picturedesk.com
S. 37: ÖNB-Bildarchiv / picturedesk.com
S. 43: Gebrüder Schuhmann / ÖNB-Bildarchiv / picturedesk.com
S. 44: Wikimedia Commons
S. 51: ullstein bild / Ullstein Bild / picturedesk.com
S. 60: ANNO/Österreichische Nationalbibliothek
S. 65: Scherl / SZ-Photo / picturedesk.com
S. 72: ullstein bild - Alert
S. 75: Ernst & Hilscher / ÖNB-Bildarchiv / picturedesk.com
S. 78: Willinger, Wilhelm / ÖNB-Bildarchiv / picturedesk.com
S. 83: Literaturarchiv Salzburg – Adolf Haslinger Literaturstiftung
S. 84: Bundesarchiv, Bild 183-S47421/Edith Posse
S. 91: Archiv der Zeitgenossen, Literaturarchiv NÖ
S. 97: Alban Berg Stiftung
S. 105: Scherl / SZ-Photo / picturedesk.com
S. 111: Stadtarchiv Salzburg, Fotoarchiv Franz Krieger
S. 115: ONB / ÖNB-Bildarchiv / picturedesk.com
S. 124, 129, 145, 151, 165, 181: Votava / brandstaetter images / picturedesk.com
S. 137: Weber, Harry / ÖNB-Bildarchiv / picturedesk.com
S. 142: Okamoto, Yoichi R. / ÖNB-Bildarchiv / picturedesk.com
S. 154, 170: First Look / picturedesk.com
S. 175: Semotan, Rudolf / ÖNB-Bildarchiv / picturedesk.com
S. 182: Erwin Schuh / picturedesk.com
S. 188: Milenko Badzic / First Look / picturedesk.com
S. 191: OCTAVIO JONES / REUTERS / picturedesk.com
S. 160: Walter Wobrazek

Der Verlag hat sich bemüht, alle Rechteinhaber ausfindig zu machen. Sollten berechtigte Ansprüche übersehen worden sein, werden die Rechteinhaber gebeten, sich mit dem Verlag in Verbindung zu setzen.

1. Auflage 2023

ISBN 978-3-8000-7844-8

Covergestaltung: Saskia Beck, s-stern.com
Coverfoto: Austrian Archives / brandstaetter images / picturedesk.com
Satz: Lisa Wilfinger, Carl Ueberreuter Verlag GmbH
Lektorat: Marina Hofinger
Druck und Bindung: Finidr s. r. o., Český Těšín

@ueberreuterwien

@ueberreuter_wien

@ueberreuter_wien

INHALT

VORWORT

In der deutschen Sprache gibt es Begriffe, die wegen ihrer Vieldeutigkeit unpraktikabel werden. Einer davon, „Kulturkampf", sollte eigentlich im Titel dieses Buches stehen, wegen seiner Beliebigkeit muss aber darauf verzichtet werden.

Ursprünglich bedeutete „Kulturkampf" ja die Auseinandersetzung zwischen dem jungen, mehrheitlich protestantischen deutschen Kaiserreich und der katholischen Kirche, ausgetragen in den 1870er-Jahren zwischen Reichskanzler Otto von Bismarck und Papst Pius IX. Bismarck brach damit den Einfluss Roms auf die deutsche Politik.

In Österreich entstand wenige Jahre später angeführt von Deutschnationalen eine „Los von Rom"-Bewegung, aber die Macht der katholischen Kirche wurde durch diesen „Kulturkampf" nicht nachhaltig geschmälert. Ihr Einfluss auf Staat und Gesellschaft überdauerte sogar den Zusammenbruch der Monarchie. In der Ersten Republik wurde ein Prälat Bundeskanzler (Ignaz Seipel) und ein späterer Kardinal (Theodor Innitzer) Sozialminister. Ihre Ansprüche setzte die katholische Kirche auf allen politischen Feldern mithilfe der Christlichsozialen Partei durch, auch auf jenem der Kultur.

Damit sind wir bei der völlig anderen Bedeutung des Begriffs „Kulturkampf", um ihn geht es in diesem Buch: den Kampf der Künstler, Dichter und Denker um Existenz und Freiheit im dramatischen 20. Jahrhundert – und darüber hinaus.

Er wurde gegen wechselnde Gegner ausgetragen und er war opferreich: Als Arthur Schnitzlers „Reigen" 1921 erstmals in Wien aufgeführt wurde, zertrümmerten katholische und völkische Demonstranten das Theater und verprügelten das Publikum. Der Journalist Hugo Bettauer, Autor des Romans „Stadt ohne Juden", wurde von einem jungen Nazi ermordet, der schon zwei Jahre später wieder freikam. Als die Tänzerin Josephine Baker 1927 nach Wien kam, rüsteten Rassisten aller Schattierungen auf. Bundeskanzler Ignaz Seipel wollte wieder die Vorzensur einführen, was nur durch den entschlossenen Widerstand der Autoren verhindert werden konnte (worauf sich der Titel dieses Buches bezieht). Die Bücherverbrennungen in Nazi-Deutschland wurden 1933 in Österreich von Kirche und christlich-sozialer Presse begrüßt – es betraf ja vor allem Juden. Österreichs damals berühmtester Schriftsteller Stefan Zweig wurde so lange gemobbt, bis er 1934 das Land verließ. Die Staatskünstler des Austrofaschismus wurden zu Staatskünstlern des Nationalsozialismus, diesem Ende aller Freiheiten. Er sollte lange nachwirken – auch in den Köpfen.

Nach 1945, als der Einfluss der Kirche schwand, waren parteiübergreifend Engstirnigkeit und Sumpertum, Antimoderne und Prüderie die Hürden, die Kunst, Kultur und Wissenschaft zu überwinden hatten.

Heute taucht der Begriff „Kulturkampf" abermals in neuer Bedeutung auf: Sind Cancel Culture und Identitätspolitik Zensur von links?

Dieses Buch besteht nur auf den ersten Blick aus voneinander unabhängigen Kapiteln. Tatsächlich ist es eine durcherzählte, fast romanartige Geschichte: Ein Ereignis ist ohne das vorangegangene nicht vorstellbar und die Akteure sind oft dieselben. Sie kann erstmals auf diese Weise erzählt werden, weil Quellen zugänglich wurden, die eine neue Sicht auf diese „Kulturkämpfe" ermöglichen. Großartiges haben dabei die Österreichische Nationalbibliothek mit der Website „Anno" und die Österreichische Akademie der Wissenschaften mit der Digitalisierung der Tagebücher Arthur Schnitzlers und der „Fackel" von Karl Kraus geleistet.

Beim sach- und geschichtskundigen Paulus Manker bedanke ich mich für seine Beratung in Theaterfragen, bei meinem Freund Peter Turrini für viele Gespräche und für ein Interview über das Entstehen der „Alpensaga".

Wie in meinen früheren Büchern habe ich auf das Setzen ermüdender und den Lesefluss unterbrechender Fußnoten verzichtet. Originalzitate sind kursiv gesetzt, die Quelle ist bei Zitaten aus Zeitungen im Text, bei Fachliteratur im Anhang angegeben. Alle Zitate sind jederzeit dokumentierbar.

Ich wünsche viel Gewinn bei der Lektüre!

Herbert Lackner

Kapitel 1

„DAS GESINDEL TOBT"

In Wien kommt es 1921 wegen Arthur Schnitzlers „Reigen" zu antisemitischen Exzessen: Demonstranten zertrümmern die Kammerspiele und wollen Judengeschäfte in der Leopoldstadt stürmen. Der Staat stellt sich auf die Seite der Rechten.

Arthur Schnitzler in seiner Villa in der Wiener Sternwartestraße: Zum Wirbel um den „Reigen" kamen auch noch private Probleme.

Er hatte Ähnliches ja befürchtet, aber jetzt, da mit Stinkbomben, Stöcken und Schlagringen bewaffnete Randalierer die Kammerspiele in der Wiener Rotenturmstraße zertrümmern, ist Arthur Schnitzler (1862–1931) fassungslos. Er war selbst im Theater und ist dem Mob nur mit Mühe durch einen Hinterausgang entkommen.

Am späten Abend jenes 16. Februar 1921, an dem christlich-soziale und deutschnationale Schläger die Vorstellung seines Stücks „Der Reigen" gestürmt haben, sitzt der 58-jährige Schnitzler immer noch aufgewühlt in seiner Villa in der Sternwartestraße im Wiener Bezirk Währing und notiert im Tagebuch das Geschehene: *„Lärm, Garderobiere stürmt herein, weinend. Geschrei, Toben, Brüllen. Ein paar hundert sind eingedrungen, attackieren die Besucher, Publikum flieht, wird insultiert, das Publikum flieht auf die Bühne. Bänke und Sessel aus den Logen heruntergeworfen. Das Gesindel tobt."*

Der Sturm auf das Theater ist die fast logische Zuspitzung eines Ringens, in dem es um mehr geht als um ein freizügiges Theaterstück: Es ist das Wetterleuchten vor einem katastrophalen Unwetter, das sich mehr als ein Jahrzehnt lang zusammenbrauen wird, um sich danach umso gnadenloser zu entladen.

Geschrieben hat Schnitzler diesen „Reigen" schon 1897. Er wollte darin die verlogene Moral der Wiener Fin-de-Siècle-Society vorführen, die Durchlässigkeit dieser dünkelhaften Klassengesellschaft aufzeigen, was das kleine „Pantscherl" betrifft.

Als Mittdreißiger mit ständig wechselnden Liebschaften lebte Arthur Schnitzler damals mit seiner Mutter in der Frankgasse Hausnummer 12, neben dem Allgemeinen Krankenhaus am Wiener Alsergrund, und eröffnete gerade eine eigene Arztpraxis. Sein Vater, ein bekannter Kehlkopfspezialist, als dessen Assistent er in der Poliklinik gearbeitet hatte, war kurz zuvor gestorben.

Schnitzler, ein ansehnlicher junger Herr, war begabt und neben dem Arztberuf als Theaterautor durchaus erfolgreich: Sein Einakter-Zyklus „Anatol" stand an mehreren deutschen Bühnen auf dem Programmzettel, das Schauspiel „Liebelei" hatte 1895 gar am neuen Wiener Burgtheater am Ring Premiere.

An Wochenenden zog Schnitzler in jener Zeit um die Jahrhundertwende gern mit seinen Freunden Hugo von Hofmannsthal und Felix Salten durch den Prater, für ihn ein Stück Heimat – er wurde in der Praterstraße geboren und verbrachte seine ersten Lebensjahre hier. Nach einem dieser Streifzüge zwischen den Buden und Wirtshäusern des Wurstelpraters schrieb er seiner eifersüchtigen Geliebten, der berühmten Burgschauspielerin Adele Sandrock: *„Haben wahnsinnig gedraht, sind nämlich im Schweizerhaus gesessen, haben Backhendln mit Gurkensalat und Salami gegessen und sind dann – bitte nicht verhöhnen – auf der Rutschbahn gefahren. Dabei ereignete sich auch nicht das geringste Stubenmädchen und alle Backen blieben ungekniffen (du bist erstaunt? Ich begreife das).“* Die ebenfalls recht lebenslustige Sandrock nannte den feschen Schnitzler in trauten Briefen oft *„Oh, du süßes Menschenfleisch“.*

Es waren diese großartigen Jahre, in denen ihm die Idee zum „Reigen“ kam. Die Handlung: Bei der Augartenbrücke am Donaukanal schleppt die Dirne den Soldaten ab, in der nächsten Szene treibt es der Soldat im Prater mit dem Dienstmädchen, das danach mit dem jungen Herrn auf den Diwan geht. Der junge Herr überredet die verheiratete Emma, Emma wohnt ihrem Gatten bei, der Gatte geht mit dem süßen Mädel fremd. Das süße Mädel gibt sich dem Dichter hin, der verbringt ein Wochenende mit der Schauspielerin, die Schauspielerin zieht den Grafen ins Bett, schließlich geht der Graf mit der Dirne bei der Augartenbrücke ins Hotel.

Der Reigen ist geschlossen.

Das alles spielt sich natürlich nur in Form von Dialogen ab, obwohl der Text gar nicht für eine szenische Aufführung geschrieben wurde. Schnitzler ließ auf eigene Kosten 200 Exemplare drucken, um sie bei bestimmten Anlässen als Geschenk an gute Freunde zu verteilen. An eine Veröffentlichung dachte er nicht.

Das Büchlein gefiel.

1903 bot sich der kleine „Wiener Verlag“ Schnitzler als Partner an, der sagte zu.

In Deutschland wurde das in überschaubarer Auflage gedruckte Buch sofort verboten, das trieb die Nachfrage hoch: Das Publikum erwartete sich nun besonders heiße Ware, wenngleich der „Reigen" mit Pornografie im heutigen Wortgebrauch absolut nichts zu tun hatte. Die Aufregung stieg noch, als Schnitzlers Freund und Autorenkollege Hermann Bahr eine szenische Aufführung des „Reigen" im Bösendorfer Saal in der Wiener Herrengasse plante. Die kaiserliche Polizei schritt umgehend ein.

Schnitzlers Verleger hatte inzwischen bereits 30.000 Exemplare der Buchversion verkauft. Im Jahr danach, 1906, brachte er mit „Josefine Mutzenbacher oder die Geschichte einer Wienerischen Dirne von ihr selbst erzählt" tatsächlich scharfe Ware heraus – im limitierten „Privatdruck" versteht sich, es gab nur tausend nummerierte Exemplare. Autor der schlüpfrigen Delikatesse war angeblich – Experten bezweifeln es – Schnitzlers Freund Felix Salten.

Auch Böswillige waren nun auf Arthur Schnitzler aufmerksam geworden. War das nicht der Kerl, der mit seinem „Leutnant Gustl" den Ehrenkodex der Armee verspottet hatte? Ist das nicht jener Schnitzler, dessen Stück „Professor Bernardi" zu Recht sofort verboten wurde: Ein jüdischer Arzt, der einer heiter Sterbenden die letzte Ölung verweigert, um ihr die Todesangst zu ersparen – jüdisches Machwerk ist so etwas! Und war nicht auch sein Verleger ein Jude?

Premieren von Schnitzler-Stücken wurden mancherorts schon seit einiger Zeit hasserfüllt kommentiert. Nach der Uraufführung von „Das weite Land" hieß es 1911 in der katholischen Tageszeitung „Salzburger Chronik": *„Ach nein, dieser Schnitzlersche Hausherrensohn heißt ja gar nicht Hofrichter, sein Vater hat sicherlich Kohn oder Levi oder Teitelbaum geheißen und die ganze Gesellschaft des ‚Weiten Land' besteht aus Wiener Salzgries- und Roßau-Juden, denen der dichtende Stammesgenosse arisch-deutsche Namen gegeben hat, um sie wenigstens für den ersten Blick der Theaterbesucher unkenntlich zu machen."*

Vielleicht war mit dem Vergehen der Monarchie auch ein neues Denken eingekehrt, hoffte Schnitzler nach dem Ende des Weltkriegs; die kaiserliche Sittlichkeitskommission gab es nun ja nicht mehr. Aber war die Macht der Zensur endgültig gebrochen? Angeregt von Regisseur Max Reinhardt überlegte er jetzt, den „Reigen" als Dialogstück auf eine Bühne zu bringen. Aber Schnitzler hatte falsch kalkuliert – das Denken hatte sich nicht geändert und wenn, dann nicht selten zum Übleren.

Im Dezember 1918 etwa gab der Vorsitzende der christlichen Arbeiterbewegung, Leopold Kunschak (1871–1953), die Losung aus, die Schuld an der Niederlage im Krieg sei auf die Raffgier der Juden zurückzuführen. *„Und die Juden wissen: Wenn das Volk dazu kommt, diese Abrechnung vorzubereiten, so wird für sie ein Urteilsspruch erwachsen, vor dem ihnen grauen muß"*, donnerte Kunschak am Parteitag der Christlichsozialen. Im Wiener Gemeinderat forderte er die sofortige Abschiebung aller während der Kriegsereignisse aus den ehemaligen Kronländern zugewanderten Juden: *„Man kann ruhig die Behauptung aufstellen: Die Juden sind nicht nur die Not, sondern auch die Seuche unserer Zeit."*

Später, 1945, wurde Leopold Kunschak, nun ÖVP, 74-jährig erster Nationalratspräsident der Zweiten Republik und blieb es bis zu seinem Tod acht Jahre später. Bis 2016 war ein Journalistenpreis nach ihm benannt, seither heißt die Auszeichnung „Alois-Mock-Preis".

Die Christlichsozialen waren neben den weit kleineren deutschnationalen Parteien die Bannerträger des Antisemitismus, und Bürgermeister Karl Lueger war längst nicht der radikalste. Wer ein „Jud" war, wollte er bekanntlich selbst bestimmen.

Noch unterschied sich dieser „christliche" Antisemitismus, der das Judentum an der Religion festmachte, vom Rassen-Antisemitismus, wie ihn ab den 1880er-Jahren der niederösterreichische Gutsherr und Politiker Georg von Schönerer vertreten hatte. Einer von Schönerers Leitsprüchen definierte den Unterschied: *„Die Religion ist einerlei/ im Blute liegt die Schweinerei."* Auch längst zu einer anderen Religion übergetretene Juden seien deshalb immer noch Juden.

So sahen es später auch die Nazis.

Aber die Grenze zwischen christlichem Antisemitismus und dem von Schönerer gepredigten „Rassenantisemitismus" war immer fließend. Das hatten Arthur Schnitzler und wohl alle anderen 180.000 Juden, die zu dieser Zeit in Wien lebten, schon selbst wiederholt zu spüren bekommen. Ihm war klar, dass in einem solchen Klima, in dem noch dazu nach Schuldigen für die klägliche Niederlage im Krieg gesucht wurde und in dem noch alle Gefühle aufgewühlt waren, das Projekt „Reigen" mit großem Risiko behaftet war.

Die Behörden nahmen ihm vorerst alle Entscheidungen ab: Im Februar 1920 wurde sein Antrag auf Genehmigung einiger Aufführungen des „Reigen" vom christlich-sozialen Innenminister abgelehnt – der war ein Monarchist.

Schnitzler wich nach Berlin aus, wo die Uraufführung des „Reigen" einen Tag vor dem Heiligen Abend des Jahres 1920 im Kleinen Schauspielhaus stattfand, obwohl das Preußische Kulturministerium der Theaterdirektion mit sechs Wochen Haft gedroht hatte.

Schnitzler war nicht zur Premiere nach Berlin gefahren, am Abend der Aufführung saß er allein im Schreibzimmer seiner Villa in der Sternwartestraße. Seine Frau Olga, mit der er 19 Jahre lang verheiratet war, hatte sich nach langem Rosenkrieg von ihm getrennt und war kurz vor der „Reigen"-Premiere nach München übersiedelt. Die beim Vater verbliebenen Kinder Heini und Lili waren schon auf ihren Zimmern.

Noch in der Nacht der Erstaufführung wurde Schnitzler aus Berlin telegrafiert. Danach sein Eintrag ins Tagebuch: *„Publicum demonstriert für mich, Aufführung scheint sehr mäßig gewesen, insbesondere Ettlinger als Dichter versagte."* Er wusste jetzt auch, wer in Berlin das letztlich ohnehin nicht befolgte Verbot der Aufführung beantragt hatte: ausgerechnet der aus Wien stammende Komponist Franz Schreker. *„Verbot vom Directorium der Musikhochschule erwirkt, angeblich um den Saal freizubekommen. Director ist Schreker, ‚Dichter' und Componist!"*, trug Schnitzler wütend in sein Tagebuch ein.

Mit der Aufnahme seines „Reigen" durch das deutsche Feuilleton konnte er zufrieden sein. Alfred Kerr, der einflussreichste Kritiker seiner Zeit, schrieb in der Zeitung „Der Tag": *„Darf man Stücke verbieten? Nicht mal wenn sie schlecht geschrieben und schlecht gespielt werden. Hier aber ist ein reizendes Werk und es wird annehmbar gespielt. Der Erfolg war gut; die Hörerschaft wurde nicht schlechter davon. Und die Welt ist, zum Donnerwetter, kein Kindergarten! Es wird auf die Dauer zu fad, vor allen wichtigsten Begleitumständen der mensch-*

lichen Fortpflanzung sich tot zu stellen." Da herrschte in Wien, wo der zuständige Magistrat die Aufführung endlich bewilligt hatte, fünf Wochen später ein ganz anderer Ton. Zwar gab es bei der Premiere am 1. Februar 1921 in den Kammerspielen nicht die befürchteten Störmanöver, aber die Christlichsozialen mobilisierten heftig gegen Schnitzler und sein Stück.

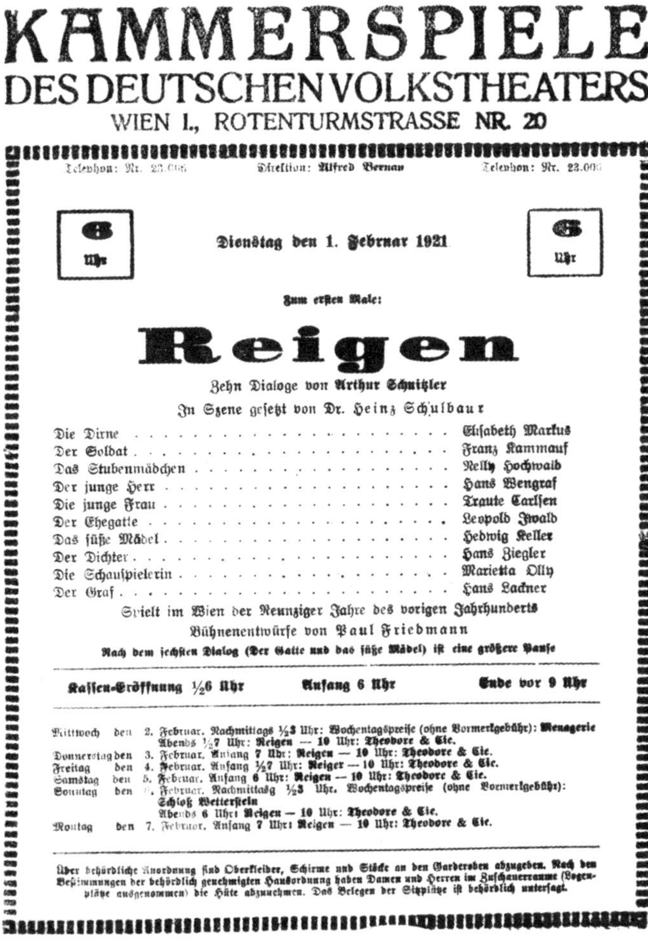

KAMMERSPIELE
DES DEUTSCHEN VOLKSTHEATERS
WIEN I., ROTENTURMSTRASSE NR. 20

Telephon: Nr. 23.066 — Direktion: Alfred Bernau — Telephon: Nr. 23.006

6 Uhr — Dienstag den 1. Februar 1921 — 6 Uhr

Zum ersten Male:

Reigen

Zehn Dialoge von **Arthur Schnitzler**

In Szene gesetzt von Dr. Heinz Schulbaur

Die Dirne	Elisabeth Markus
Der Soldat	Franz Kammauf
Das Stubenmädchen	Nelly Hochwald
Der junge Herr	Hans Wengraf
Die junge Frau	Traute Carlsen
Der Ehegatte	Leopold Iwald
Das süße Mädel	Hedwig Keller
Der Dichter	Hans Ziegler
Die Schauspielerin	Marietta Olly
Der Graf	Hans Lackner

Spielt im Wien der Neunziger Jahre des vorigen Jahrhunderts

Bühnenentwürfe von Paul Friedmann

Nach dem sechsten Dialog (Der Gatte und das süße Mädel) ist eine größere Pause

Kassen-Eröffnung ½6 Uhr — **Anfang 6 Uhr** — **Ende vor 9 Uhr**

Mittwoch den 2. Februar. Nachmittags ½3 Uhr: Wochentagspreise (ohne Vormerkgebühr): **Menagerie**
Abends ½7 Uhr: **Reigen** — 10 Uhr: **Theodore & Cie.**
Donnerstag den 3. Februar. Anfang 7 Uhr: **Reigen** — 10 Uhr: **Theodore & Cie.**
Freitag den 4. Februar. Anfang ½7 Uhr: **Reiger** — 10 Uhr: **Theodore & Cie.**
Samstag den 5. Februar. Anfang 6 Uhr: **Reigen** — 10 Uhr: **Theodore & Cie.**
Sonntag den 6. Februar. Nachmittasg ½3 Uhr. Wochentagspreise (ohne Vormerkgebühr): **Schloß Wetterstein**
Abends 6 Uhr: **Reigen** — 10 Uhr: **Theodore & Cie.**
Montag den 7. Februar. Anfang 7 Uhr: **Reigen** — 10 Uhr: **Theodore & Cie.**

Über behördliche Anordnung sind Oberkleider, Schirme und Stöcke an den Garderoben abzugeben. Nach den Bestimmungen der behördlich genehmigten Hausordnung haben Damen und Herren im Zuschauerraume (Logenplätze ausgenommen) die Hüte abzunehmen. Das Belegen der Sitzplätze ist behördlich untersagt.

Theaterplakat des „Reigen": Die Demonstranten verwüsteten das Parkett und verprügelten das Publikum.

Sie hatten jetzt das Sagen im neuen Staat. Bei den Nationalratswahlen 1920 waren sie mit 41,8 Prozent stärkste Partei geworden, ihre Minderheitsregierung wurde von den Deutschnationalen gestützt. Im christlich-sozialen Parteiblatt „Reichspost", einer der wichtigen Tageszeitungen des Landes, hieß es am Tag nach der „Reigen"-Premiere: *„Bordellprologe des Juden Schnitzler ... Mit dem ‚Reigen' hat Schnitzler das Theater, das ein Haus der Freuden sein sollte, zu einem Freudenhause, zum Schauplatz von Vorgängen und Gesprächen gemacht, wie sie sich schamloser in keiner Dirnenhöhle abwickeln könnten."* Auch das Publikum bekam in der „Reichspost" sein Fett ab: *„Schnaufende Dickwänste mit ihrem weiblichen Anhange, der den Namen der deutschen Frau schändet, sollen sich jetzt dort allabendlich ihre in wüstem Sinnentaumel erschlafften Nerven aufkitzeln lassen."* Drohender Nachsatz: *„Wir gedenken den Herrschaften das Vergnügen bald zu verleiden!"*

Tags darauf hielt die „Arbeiter Zeitung", Zentralorgan der Sozialdemokratischen Partei, drohend dagegen: *„Man wird ja sehen, was die Klerikalen ‚gedenken'; aber wenn sie denken, daß sie da kommandieren werden, so würden sie schon die Erfahrung machen, daß der Versuch nur zu ihrem Leidwesen ausschlagen würde."* Das Stück selbst beschrieb der Theaterkritiker der „Arbeiter Zeitung" etwas gestelzt als *„Szenenreihe, die den Kreislauf der sinnlichen Liebe behandelt in der Art dieses Schriftstellers, der den Urtrieb der Menschen, der alles beherrscht und peinigt, mit ironischer Heiterkeit betrachtet."*

Der unverhüllte Aufruf zur Stürmung des Theaters durch die Zeitung der Christlichsozialen Partei schien eine Woche nach der Premiere, am 8. Februar, Früchte zu tragen: Zwanzig junge Männer versuchten, die Vorstellung zu sprengen, wurden aber schon im Foyer von Theaterarbeitern und Billeteuren abgedrängt. *„Es wurden drei Arretierungen vorgenommen"*, berichtete die „Neue Freie Presse".

Tags darauf nahm die Staatsmacht in Gestalt von Innenminister Egon Glanz (Christlichsoziale) die Angelegenheit selbst in die Hand: Glanz untersagte unter Berufung auf ein Theatergesetz aus dem Jahr 1850 jede weitere Aufführung des „Reigen". In der Begründung des Erlasses hieß es, der Wiener Magistrat habe zwar nach Anhörung des

Zensurbeirats die Aufführungen bewilligt, es habe sich jedoch gezeigt, *„dass diese Vorführung mit dem sittlichen Empfinden weiter Kreise der Wiener Bevölkerung in scharfem Gegensatze steht."* Also Verbot.

Der Wiener Bürgermeister Jakob Reumann, ein Sozialdemokrat, erklärte umgehend, er werde diesen Erlass nicht zur Kenntnis nehmen. Für solche Bewilligungen sei ausschließlich der Magistrat, letztlich also er als Bürgermeister, zuständig und nicht das Innenministerium (Reumann bekam später vom Verfassungsgerichtshof recht).

Damit war die Causa endgültig zum Politikum geworden.

Schon am nächsten Tag, dem 10. Februar 1921, brachten die Sozialdemokraten im Nationalrat eine Dringliche Anfrage an Innenminister Glanz ein. Der beharrte auf seinem Aufführungsverbot: Im „Reigen" würden *„Vorgänge auf die Bühne gebracht, die auch bei kulturell tiefstehenden Völkern gewöhnlich mit einer gewissen Diskretion behandelt werden."* Die Beurteilung seines Vorgehens überlasse er getrost *„allen anständigen Leuten"*.

In den Reihen der Sozialdemokraten wurde daraufhin entrüstet protestiert, einige Abgeordnete stürmten zur Regierungsbank. Um ihren Minister zu schützen, liefen jetzt christlich-soziale Abgeordnete die Stufen des ehrwürdigen Reichsrats-Sitzungssaals hinab, wo es zu einem Handgemenge kam. Albert Sever, einer der führenden Männer der Sozialdemokraten, bekam einen Faustschlag gegen den Kopf, die Rangelei drohte zu eskalieren. Erst nach dem Einschreiten von Ordnern ließen die Abgeordneten voneinander ab.

Am Abend dieses Tages schrieb Arthur Schnitzler in sein Tagebuch: *„Seitz* (Karl Seitz, Parteivorsitzender der Sozialdemokraten; Anm.) *und Reumann für mich, natürlich nur im Sinne von gegen die Christlichsozialen. Beinahe Prügelei ... Jedenfalls wird trotz des Verbotes der ‚Reigen' weiter gespielt."*

Arthur Schnitzler war ja keineswegs ein Sozialdemokrat, sondern als Spross einer wohlhabenden Ärztefamilie tief im Wiener Bürgertum verankert. Im November 1918 hatten er und andere Bewohner des noblen Währinger Cottage-Viertels gefürchtet, die durch die Innenstadt marschierenden Roten Garden könnten auch ihren Villen-Distrikt erreichen. Viele hatten damals Schmuck und Tafelsilber im

Garten vergraben. Schnitzlers Frau Olga brachte Gegenstände von Wert auf den Dachboden und studierte hektisch Fahrpläne, um im Fall einer Revolution rasch nach Bayern zu entkommen.

Sein Freund Felix Salten floh vorübergehend sogar in eine Stadtwohnung, auch Barrikadenbau und Bewaffnung wurden erwogen. „*Salten spricht durchaus antirepublikanisch und antidemokratisch*", notierte Schnitzler nach einem Spaziergang mit seinem Freund am Wiener Schafberg.

Als am 12. November die Republik ausgerufen wurde, konstatiert Schnitzler betont nüchtern: „*Ein welthistorischer Tag ist vorbei. In der Nähe sieht er nicht sehr großartig aus.*"

So fremd dem Wiener Großbürger Schnitzler eine Arbeiterpartei wie die Sozialdemokratie auch war – die bürgerlichen Christlichsozialen mit ihrem aggressiven Antisemitismus konnte er schon gar nicht wählen. Bei den Nationalratswahlen im Oktober 1920 votierte Schnitzler daher für die kleine „Jüdische Nationalpartei", „*weil die bürgerlich demokratische Partei* (also die Christlichsozialen; Anm.) *zum größern Theil gewiß undemokratisch, ja sogar leicht antisemitisch ist, und es bei der heutigen Weltlage unerlässlich ist, dass in der National Versammlung einige bewußte Juden sitzen, die sagen, was zu sagen ist*", wie er am Wahlabend in sein Tagebuch schrieb. Politisch stimme er mit dieser Jüdischen Partei allerdings überhaupt nicht überein (die Jüdische Nationalpartei schaffte 0,3 Prozent und damit bei Weitem kein Mandat).

Das Attribut „*leicht antisemitisch*" für die Christlichsozialen war allerdings eine Untertreibung, wie der Dichter nun in der Auseinandersetzung um seinen „Reigen" am eigenen Leibe feststellen konnte. Am 11. Februar 1921, also am Tag nach der turbulenten Debatte im Nationalrat, hieß es in der christlich-sozialen „Reichspost": „*Schnitzler ist Jude. Die Sozialdemokratie ist wieder als Schützer und Schirmer des Judentums aufgetreten ... Die Sozialdemokratie steht wieder, ihrer Sendung gemäß, hinter jenem Judentum, das unser Volk moralisch und wirtschaftlich zu vernichten bestrebt ist!*"

Nach der Weigerung von Bürgermeister Reumann, das Aufführungsverbot des Innenministers zu exekutieren, verschärften die

Christlichsozialen ihre Kampagne. Am 13. Februar, drei Tage nach der Rangelei im Nationalrat, versammelten sich einige Hundert Mitglieder des „Katholischen Volksbundes“ in der Volkshalle des Wiener Rathauses, Prälat Ignaz Seipel (1876–1932), der Parteivorsitzende der Christlichsozialen (ein Jahr später war er auch Bundeskanzler), widmete seine Rede völlig dem Kampf gegen Schnitzlers Stück: *„Das sittliche Empfinden unseres bodenständigen, christlichen Volkes wird fortgesetzt auf das Schwerste verletzt durch die Aufführung eines Schmutzstücks aus der Feder eines jüdischen Autors. Es ist wieder zutage getreten, dass die Sozialdemokratie stürmische Szenen machen muß, wenn es sich um die Verteidigung einer jüdischen Machenschaft handelt.“* Der in der ersten Reihe sitzende Erzbischof von Wien Friedrich Gustav Piffl applaudierte heftig.

Nach Ende der Versammlung marschierten 300 erhitzte Katholiken vom Rathaus durch die Wiener Innenstadt zu den Kammerspielen und versuchten abermals, das Theater zu besetzen. Noch einmal gelang es der Polizei, die Demonstranten zum Schwedenplatz und zum Stephansplatz abzudrängen.

Drei Tage später, am 16. Februar, wurden die Kammerspiele schließlich erobert und verwüstet.

Das also ist die Vorgeschichte der Ereignisse und Arthur Schnitzler kann nicht überrascht sein, dass seine Vorstellung zwei Wochen nach der Premiere gestürmt wurde, es war immerhin schon der dritte Versuch. Aber wäre er nicht rechtzeitig aus dem Theater entkommen – die mit Knüppeln und Schlagringen bewehrte Meute hätte ihn womöglich gelyncht.

Wie brutal die katholischen und rechtsradikalen Schläger vorgegangen sind, kann er tags darauf im „Neuen Wiener Tagblatt“ nachlesen: *„Die von der Straße eingedrungenen Demonstranten gingen gegen das Publikum los, schlugen mit Stöcken und Fäusten drein und zerrten Männer und Frauen aus dem Theater. Viele Besucher wurden blutig geschlagen, manchen das Gewand vom Leib gerissen. Eine Dame wurde mit einem Lederriemen misshandelt, andere Damen geohrfeigt und beschimpft.“*

Der christlich-soziale Polizeipräsident von Wien, Johann Schober, lässt nun nicht etwa die Gewalttäter verfolgen und bestrafen, sondern untersagt schon am nächsten Tag jede weitere Aufführung des „Reigen". Begründung für die polizeiliche Maßnahme: „*Die durch das Stück hervorgerufene Mißstimmung hat in der gestrigen Vorstellung einen elementaren Ausdruck gefunden.*" Die persönliche Sicherheit des Publikums und der Darsteller sei damit nicht mehr gewährleistet. Fazit: „*Aus Gründen der öffentlichen Ruhe und Ordnung sind fernere Aufführungen einzustellen.*" Dagegen ist auch Bürgermeister Reumann machtlos.

Schnitzler weiß in diesen Tagen nicht, worunter er mehr leidet – unter dem Verbot seines Stücks oder der Trennung von seiner Frau Olga: „*Die unleidliche ‚Beileidstimme' mancher Leute: die nicht recht wissen, warum sie mich mehr beklagen sollen; um des Reigenskandals (er hat sich so ziemlich zum größten der Theatergeschichte entwickelt) oder um der Lebenskatastrophe, die offenbar geworden*", schreibt er in sein Tagebuch.

Er will nicht als Opfer gesehen werden, aber ihm wird nun zunehmend klar, mit welcher Wucht ihn seine Gegner bekämpfen. Als wenige Tage nach dem Wiener Tumult im Salzburger Kurhaus eine bloße Lesung des „Reigen" stattfindet, wird auch diese gestürmt, auch hier werden die Zuhörer misshandelt.

Die Salzburger Tageszeitung „Volksruf" jubelt am Tag danach: „*Die Salzburger Jugend hat eine Antwort erteilt, daß den jüdischen und vom Judengeist verseuchten Herrschaften die Lust vergehen wird, nochmal die christlich-deutsche Bevölkerung von Salzburg herauszufordern. Der Saal wurde im Sturmschritt geräumt, einige Juden wurden etwas unsanft darüber belehrt, daß sie sich als Gäste in Salzburg anständig aufzuführen haben.*"

Zu den schwersten Ausschreitungen kommt es jedoch nach der Tagung des zwei Jahre zuvor gegründeten „Antisemitenbundes" am 13. März 1921 in Wien, also drei Wochen nach der Erstürmung der Kammerspiele. Nach dem Ende der Abschlussveranstaltung ziehen etwa 5.000 Teilnehmer vom Rathausplatz auf der Ringstraße Richtung Leopoldstadt, um dort jüdische Geschäfte zu verwüsten. An der Spitze des Zuges marschieren der Präsident des Antisemitenbundes, der christlich-soziale Nationalratsabgeordnete Anton Jerzabek (1867–1939) und der Wiener Promi-Anwalt Walter Riehl (1881–1955), der kurz zuvor den österreichischen Zweig der NSDAP gegründet hat. Die Demonstranten zertrümmern Fenster von Ringstraßen-Cafés, demolieren das damals neue Gartenbau-Kino, zerren Fahrgäste, die sie für Juden halten, aus den Straßenbahnen, verprügeln sie und bewerfen Polizisten mit Steinen. Der Durchbruch in die Leopoldstadt misslingt, weil die Polizei die Brücken über den Donaukanal halten kann. 16 Jahre später, in der Pogromnacht des November '38, wird der Sturm mit tatkräftiger Hilfe der Polizei gelingen.

Mehr als das Wüten seiner Gegner beschäftigt Arthur Schnitzler jedoch das Scheitern seiner Ehe: Ein Versöhnungsbesuch bei Olga in München endet in einem Krach, auch eine Vermittlungsmission von Olgas Freundin Alma Mahler bringt nichts mehr: Olga und Arthur Schnitzler lassen sich im Juni 1921 scheiden.

Als der „Reigen" nach einer Entscheidung des Verfassungsgerichtshofs ab März 1922 wieder gespielt werden darf, agitiert Jerzabek im Nationalrat gegen die Kosten für den Polizeischutz, sein Antisemitenbund organisiert abermals Großkundgebungen.

Die Anfeindungen nehmen wieder an Vehemenz zu und der Autor resigniert. Tagebucheintrag Schnitzlers vom 8. Juni 1922: *„Ein Schriftsteller Gießwein besucht mich und theilt mir mit, daß Demonstrationen (christl.-soz.) gegen mich geplant seien, was mich völlig kühl läßt."*

Ende Juni 1922 gibt Schnitzler in Sachen „Reigen" entnervt auf und verfügt, dass das Stück nie mehr aufgeführt werden darf. In sein Tagebuch schreibt er: *„Unter den zahlreichen Affären meines Lebens ist es wohl diese, in der Verlogenheit, Unverstand und Feigheit sich selbst übertroffen haben."*

Schnitzlers Sohn Heinrich verlängert das Aufführungsverbot über den Tod seines Vaters hinaus. Erst als Heinrich Schnitzler 1982 selbst stirbt, er war Vizedirektor des Theaters in der Josefstadt, ist der „Reigen" wieder an vielen deutschsprachigen Bühnen, aber auch in Manchester und London zu sehen.

In Deutschland bedient man sich schon wegen des Sprachkolorits gern österreichischer Schauspielerinnen und Schauspieler: Am Schillertheater Berlin gibt Senta Berger die „Schauspielerin", Peter Matic den „Ehemann" und Helmut Berger den „Dichter". In Frankfurt ist Paulus Manker der „Junge Herr", am Münchener Residenztheater spielt Nikolaus Paryla den „Soldaten", Hans Brenner ist der „Graf".

Verfilmungen gibt es schon früher, etwa jene für den Oscar nominierte des deutsch-französischen Regisseurs Max Ophüls aus dem Jahr 1950, in der fast alle Stars des französischen Kinos mitwirken. In Vorarlberg darf der Film bis 1970 nicht gezeigt werden.

1973 läuft im Wiener Apollo-Kino die erste österreichische „Reigen"-Verfilmung an. Unter der Regie von Otto Schenk spielen Senta Berger, Erika Pluhar, Gertraud Jesserer, Peter Weck, Michael Heltau und Helmut Lohner.

Bundeskanzler Bruno Kreisky ist bei der Premiere Ehrengast – auch das ist wohl eine Demonstration.

Kapitel 2

„HÖCHSTE WOLLUST UND GRAUSAME FREUDE“

Hugo Bettauers neue „Wochenschrift für Lebenskultur und Erotik“ hat in Wien gewaltigen Erfolg. Zu ihrer Bekämpfung sammeln sich dieselben Kräfte, die gegen Schnitzlers „Reigen“ zu Felde gezogen sind. Aber diesmal endet die Auseinandersetzung mit einem Mord.

7 Groschen

Illustrierte Kronen Zeitung

40 Heller

Die neuesten Telegramme und der Sport vom Sonntag.

OTTO ROTHSTOCK

HUGO BETTAUER

DAS ARBEITSZIMMER BETTAUERS NACH DEM ATTENTAT.

Der Mord an dem Schriftsteller Bettauer.

Zeitungsbericht über das Bettauer-Attentat: Die meisten Blätter zeigten Verständnis für den Mord.

Walter Riehl war bereits Nationalsozialist, als Adolf Hitler noch in einer zerschlissenen Soldatenuniform aus dem Weltkrieg ziellos durch München irrte. Der Promi-Anwalt mit Kanzlei am Wiener Stephansplatz war im Mai 1918 Mitorganisator jener Konferenz, bei der sich verschiedene deutsch-völkische Gruppen aus den ehemaligen Kronländern zur „Deutschen Nationalsozialistischen Arbeiterpartei (Österreich)" DNSAP zusammenschlossen. Die „Reichsparteileitung" wurde damals ins Büro Riehls verlegt, Riehl setzte die altindische Swastika, das Hakenkreuz, als Parteisymbol durch (Hitlers neue NSDAP übernahm es bald darauf auch in München).

Die Feindbilder von Riehls DNSAP waren – wenig überraschend – die Juden und die Marxisten. Auch Zuwanderung aus dem Osten wurde strikt abgelehnt. Nur logisch also, dass Riehl mit seinen Männern dabei war, als 1922 rund 5.000 Demonstranten von Anton Jerzabeks Antisemitenbund im Gefolge des Kampfes gegen Arthur Schnitzlers „Reigen" Richtung Leopoldstadt marschierten, um jüdische Einrichtungen zu demolieren. Die Polizei verhinderte das Schlimmste, aber Schnitzler zog bald darauf den „Reigen" zurück.

Dieser Erfolg festigt Riehls Stellung gegenüber den Hitler-Leuten in München. Hitler selbst kommt immer wieder zu Veranstaltungen nach Wien, mit Riehl duzt er sich. Aber Riehl braucht einen weiteren Erfolg, sonst bleibt er gegen die Parteifreunde im größeren Deutschland bloß ein kleiner Provinzfürst.

Bei den Wahlen zur konstituierenden Nationalversammlung im Februar 1919 hatte seine DNSAP jämmerliche 0,78 Prozent eingefahren. Durch geschicktes Verhandeln gab es wenig später bei den Salzburger Landtagswahlen eine gemeinsame Liste mit den Christlichsozialen, die der DNSAP einen Sitz im Landtag garantierten. Aber bei den Nationalratswahlen von 1920 und 1923 schaffen Riehls Nationalsozialisten nicht einmal die Kandidatur. Das von ihm ins Auge gefasste Wählersegment wird noch von der alten „Großdeutschen Volkspartei" bedient.

Riehl hat aber einen neuen, Erfolg versprechenden Fall im Visier, mit dem sich punkten ließe, und er ist der Causa Schnitzler nicht unähnlich: den Fall Bettauer.

Hugo Bettauer (1872–1925), ist Journalist, geboren in Baden bei Wien. Er schreibt für die „Neue Freie Presse“ und beliefert die deutschsprachige „New Yorker Staatszeitung“ mit Nachrichten aus der jungen Republik Österreich. Außerdem organisiert er Spendenaktionen von in New York lebenden Altösterreichern für die Notleidenden Wiens.

Bettauer schreibt auch Romane, keine große Literatur. Meist sind es Kriminalgeschichten mit sozialer Komponente, Kolportageromane, die oft von Hausierern in Dörfer gebracht werden, in denen es weder Büchereien noch Buchläden gibt.

1922 veröffentlicht er einen völlig anderen Roman: „Die Stadt ohne Juden. Ein Roman von übermorgen“. Er wird sofort ein Bestseller. Bereits in der ersten Woche nach dem Erscheinen wird das Buch 80.000-mal verkauft, insgesamt setzt der Verlag 250.000 Exemplare ab.

Die „Stadt ohne Juden“ ist eine ebenso gespenstische wie prophetische Story: In einer großen Stadt – unzweifelhaft Wien – verschlechtert sich die wirtschaftliche Lage, die Bevölkerung gibt den Juden die Schuld. Die Losung bei den Protestaufmärschen lautet: *„Hinaus mit den Juden!“* Bei den folgenden Neuwahlen verlieren die Sozialdemokraten, weil viele ihrer Anhänger ebenfalls den *„Juden raus!“*-Parolen gefolgt sind. Die Christlichsozialen, die sich um ihren Bundeskanzler Dr. Karl Schwertfeger scharen, verstehen die Botschaft: Im Wahlkampf verspricht Schwertfeger, alle Juden außer Landes zu bringen. Im Nationalrat wird bald darauf das Ausweisungsgesetz mit den Stimmen der Christlichsozialen und der Deutschnationalen gegen jene der geschwächten Sozialdemokraten beschlossen.

Bettauer schildert 1922 in „Stadt ohne Juden“ eine Vertreibung, die in der Realität noch weit gnadenloser sein wird. Steuerlich deklariertes Vermögen darf in Bettauers Roman ausgeführt werden, Unternehmen werden durch den Staat oder von Banken abgelöst, Freiberufler wie Ärzte, Notare und Rechtsanwälte bekommen eine finanzielle Abfindung.

Bundeskanzler Schwertfeger hat zwar zugegeben, dass die Ausweisung der Juden wegen der nun geringeren Nachfrage nach Gütern kurzfristig wirtschaftliche Engpässe mit sich bringen könnte. Diese würden aber bald durch die großzügige Hilfe anderer christlicher Staaten Europas mehr als wettgemacht.

Aber es kommt anders. Die christliche Hilfe bleibt aus, die Wiener Kaffeehäuser sind jetzt oft leer. In den Theatern spielt man vor allem Anzengruber- und Ganghofer-Stücke. Jüdische Autoren werden nicht mehr aufgeführt, also werden auch kaum noch Operetten gespielt, weil sie meist jüdische Komponisten oder jüdische Librettisten haben. Auf den Bällen dominieren Dirndl und Trachtenanzug, die Modeschöpfer arbeiten mit Loden. Einst elegante Konditoreien sind nun Bierhallen.

Die Kaufleute vermissen ihre Kunden. Viele Wohnungen stehen leer, das drückt die Mietpreise, die Hausbesitzer protestieren. Schließlich spalten sich die Christlichsozialen, im Parlament findet sich jetzt eine knappe Mehrheit, um das Ausweisungsgesetz rückgängig zu machen. Die Juden kommen zurück. Ende gut – alles gut. Auch die in Bettauers Roman verwobene Liebesgeschichte hat ein Happy End.

Die Figur von Bundeskanzler Schwertfeger hat Hugo Bettauer dem tatsächlichen Kanzler Ignaz Seipel nachempfunden, Bürgermeister Ignaz Laberl stellt unverkennbar Karl Lueger dar. Die Idee zum Buch sei ihm auf einer öffentlichen Toilette gekommen, deren Wand mit dem Spruch „Juden raus!“ beschmiert gewesen sei, erzählt Bettauer einmal.

1924 wird „Die Stadt ohne Juden“ verfilmt. Der 44-jährige Hans Moser spielt einen Berater des Bundeskanzlers. Moser ist selbst vom grassierenden Antisemitismus betroffen: Seine Frau ist Jüdin. Als der gegenüber dem Roman ohnehin politisch entschärfte Film in Wiener Neustadt aufgeführt wird, kommt es zu Krawallen. Die „Kronen Zeitung“ berichtet am nächsten Tag: *„Im Zuschauerraum hatten sich etwa fünfzig Hakenkreuzler verteilt, die bei den Stellen, die ihnen nicht paßten, in laute Pfui-Rufe ausbrachen und von der Galerie Stinkbomben in den Saal warfen, so daß ein Teil des Publikums vor Schluß der Aufführung den Saal verließ.“*

Im selben Jahr 1924 gründet Hugo Bettauer eine Zeitschrift mit dem Namen „Er und Sie“. Untertitel: „Wochenschrift für Lebenskultur und Erotik“. Nur drei Jahre nach den Tumulten um Arthur Schnitzlers

„Reigen“ ist das ein kühner Akt. Aber wie Schnitzler glaubt auch Bettauer, nun sei endlich die Zeit für Themen gekommen, über die bisher nicht gesprochen werden durfte, etwa über Scheidungsfragen, Empfängnisverhütung und Schwangerschaftsabbruch. Bettauer wirbt in seinem Blatt für eine Fristenregelung wie sie ähnlich, freilich erst 50 Jahre später, beschlossen werden wird. Er tritt in „Er und Sie“ für die Straffreiheit von Homosexualität unter Erwachsenen ein – damals ein beispielloser Tabubruch. Auch sie wird erst ein halbes Jahrhundert später von Bruno Kreiskys erster Regierung umgesetzt.

Im Februar 1924 schreibt Hugo Bettauer in seinem ersten Leitartikel unter dem Titel „Die erotische Revolution“ programmatisch: *„Man muß nur den Kopf aus dem Dunst des Alltags erheben, muß nur mit klaren Augen um sich sehen, um diese erotische Revolution zu erkennen, zu fühlen und – je nachdem – mit Freuden zu begrüßen oder mit Grauen zu fürchten.“*

In der Redaktion von „Er und Sie“ in der Lange Gasse 7 in der Wiener Josefstadt sind zwei Ärzte für Sexualaufklärung zuständig. Schon in der ersten Ausgabe findet sich eine schwüle Novelle: „Die Drei-Ehe des Graf von Gleichen“. Auch seinen Fortsetzungsroman „Die lustigen Weiber von Wien“ nimmt Bettauer ins erste Heft.

Die „Er und Sie“-Startauflage von 20.000 Exemplaren steigt innerhalb weniger Monate auf 80.000. Bettauer erreicht damit rund eine Viertelmillion Leser.

Für seine Gegner ist er ein jüdischer Sittenstrolch. Juden und Sexualität – das ruft natürlich rasch entsprechende Akteure auf den Plan. In der „Bundesturnzeitung“, dem Mitgliederblatt des „Deutschen Turnerbunds“ (nach 1945 ÖTB), heißt es warnend: *„Jüdische Ladenjünglinge und Kommis, Börsenschieber und Lebemänner aller Art sind es, die jährlich unzählige deutsche Mädchen verführen und untauglich machen zur gesunden Ehe. Gerade ihr Blonden seid es, auf die es der Fremdrassige abgesehen hat! Mit Haß denkt er, der sich selbst als Fremder fühlt, an alles Nichtjüdische, höchste Wollust und grausame Freude bereitet es ihm, euch, ihr blonden Mädel, zu unterjochen!“*

Die Polizei, eine Behörde der aus Christlichsozialen und Deutschnationalen gebildeten Bundesregierung, wendet sich nun in Sachen

„Er und Sie" an das beim sozialdemokratischen Stadtrat Julius Tandler ressortierende Jugendamt der Stadt Wien: Ob der Vertrieb eines solchen Magazins vom Standpunkt des Jugendschutzes überhaupt zulässig sei, wird listig angefragt.

Das Unerwartete geschieht: Der rote Stadtrat Tandler, Universitätsprofessor für Anatomie, ist tatsächlich der Meinung, bei Bettauers Zeitschrift liege *„zumindest eine bewußte Ausnützung vor allem jugendlicher Triebe"* vor. Das genügt. Die Polizei verhängt nach diesem überraschenden Attest von sozialdemokratischer Seite, noch dazu erstellt von einem berühmten Arzt, freudig ein Vertriebsverbot für „Er und Sie".

Hugo Bettauer legt sofort Rekurs beim Landeshauptmann ein, also beim ebenfalls sozialdemokratischen Wiener Bürgermeister Karl Seitz, der obersten Instanz in dieser Frage. Seitz sieht die Sache anders als sein Stadtrat Tandler, er gibt Bettauer recht. Das Vertriebsverbot muss aufgehoben werden.

Damit ist der Fall „Er und Sie", so wie drei Jahre zuvor jener des „Reigen", endgültig zur Staatsaffäre geworden. Und es wird wieder mobilisiert. Der christlich-soziale Bundeskanzler Prälat Ignaz Seipel meint in einer Rede, in Wien gebe es Vorgänge, *„die uns zum schärfsten Abwehrkampf zwingen ... Eine Partei im Rathaus, die etwas Derartiges schützt und unterstützt, hat auf dem Wiener Boden nichts zu suchen."*

Der rote Bürgermeister Seitz kontert: *„Der Bundeskanzler muß sich bewußt sein, daß man das gesellschaftliche Leben einer Weltstadt nicht beurteilen kann von dem Gesichtspunkt von Dingskirchen aus und nicht von dem Gesichtspunkt eines Dominikanermönchs* (Seipel ist Dominikaner; Anm.)*, sondern daß in einer Weltstadt natürlich auch gewisse Bevölkerungsschichten in Bezug auf Erotik anders gerichtet sind."*

Der Konflikt eskaliert eine Woche später im Wiener Gemeinderat. Der christlich-soziale Abgeordnete Anton Orel, einer der wüstesten Antisemiten des Hauses, ist der Hauptredner seiner Partei. Orel laut Protokoll: *„Wir lassen uns nicht durch den Bürgermeister den Juden Bettauer aufdrängen, der unsere Kinder versauen will mit jüdischem Gift und jüdischen Schweinereien ... Der Bürgermeister hätte diesem*

Juden einen Fußtritt versetzen und ihn zur Tür hinauswerfen müssen." Es kommt wieder einmal zu einem Handgemenge mit sozialdemokratischen Abgeordneten.

Bettauer darf seine Zeitschrift nach der Aufhebung des Verbots durch Bürgermeister Seitz zwar vertreiben, aber die dem Justizministerium weisungsgebundene Staatsanwaltschaft sucht nun nach Textstellen, die gegen das „Schmutz-und-Schundgesetz" verstoßen. Sie meint, diese in folgenden Absätzen gefunden zu haben, die sie nun zur Anklage bringt: „*Sie öffnete die Augen und widerstrebte nicht, als er den Arm um ihren Leib schlang, sie zu sich zog und sein Mund sich zwischen ihren halbgeöffneten Lippen vergrub.*"

Von der Staatsanwaltschaft inkriminiert wird auch diese Stelle: „*Da er sich nun leise auf Strümpfen der Schlafzimmertür näherte, ließ ihn ein merkwürdiges Geräusch innehalten. Er horchte und was vernahm er zu seinem Erstaunen? Schmeichelworte, Seufzer, Stöhnen glaubte er zu erkennen und jetzt sogar Laute, die wie von Küssen klangen.*"

Den Staatsanwälten sticht auch eine Kleinanzeige in der Rubrik „*Menschen, die einander suchen*" ins Auge: „*Jur. Doktor, 31 Jahre, sucht ehrbare Bekanntschaft einer materiell unabhängigen distinguierten Frau zwischen 30 und 40. Unter Domina 1112 an die Exp.*"

Am 19. September 1924 ist der Saal des Wiener Landesgerichts schon vor Beginn der Verhandlung bis auf den letzten Platz besetzt. 16 Geschworene sollen darüber entscheiden, ob Bettauer mit Textstellen wie diesen die öffentliche Sittlichkeit verletzt hat. Nach zwei Prozesstagen verneinen die Laienrichter das mit deutlicher Mehrheit. Bettauer wird freigesprochen.

Das steigert die Wut seiner Gegner. Die christliche Öffentlichkeit müsse sich nun „*auf Selbsthilfe verlassen*", heißt es in der „Reichspost". Der Abgeordnete Orel fordert: „*Hinweg mit der Judenschande!*"

Die sozialdemokratische „Arbeiter Zeitung" sieht den Freispruch zwar als politischen Erfolg („*Die Anklage ist dem Staatsanwalt von der Regierung aufgetragen worden*"), steht Bettauers Arbeit aber naserümpfend gegenüber: „*Ihr Richter kann weniger das Strafgesetz, als der gute Geschmack sein, der sich von ihr wohl bald gesättigt, vielleicht auch angewidert, abwenden wird.*"

Das Rechtsaußen-Blatt „Deutsch-Österreichische Tageszeitung“ fordert unverhohlen zur Selbstjustiz auf: Bettauer *„hätte längst gelyncht gehört“*.

Die Botschaft wird verstanden. Am Nachmittag des 10. März 1925 dringt der 21-jährige Zahntechniker Otto Rothstock aus Wien-Margareten, Mitglied der Nationalsozialistischen Partei, in die Redaktion von Bettauers Verlag im Hochparterre des Hauses Lange Gasse 7 ein. Er gibt aus einem Revolver fünf Schüsse auf Bettauer ab und ruft dabei: „Da hast du's!“

Der Bericht der herbeigerufenen Rettung hält fest: *„Einschuß im Unterleib und Durchtrennung der Leber, Schußverletzung in der Brust, im linken Arm mit Zersplitterung der Speiche und Streifschuß am rechten Arm.“* Der schwer verletzte Bettauer wird ins nahe Allgemeine Krankenhaus gebracht.

Nach der Festnahme erklärt Rothstock (1904–1990) laut „Kronen Zeitung“, er habe *„die Tat aus Liebe zu meinen Altersgenossen begangen, damit sie durch die Schriften Bettauers nicht mehr verdorben werden.“* Er habe auf Bettauers Hände gezielt, *„um ihn in Zukunft am Schreiben zu hindern“*, gibt er am Polizeikommissariat Josefstadt zu Protokoll.

Die Zeitungsberichte über den Mordanschlag spiegeln das Denken der verschiedenen politischen Kräfte Mitte der 1920er-Jahre recht treffsicher wider. Die „Deutsch-Österreichische Tageszeitung“, Blatt der „Großdeutschen Volkspartei“, also der kleineren Regierungspartei, meint: *„Es liegt keine aus niedrigen Beweggründen verübte Tat vor.“* Es seien einander *„ein jüdischer Schriftsteller und ein jugendlicher Idealist“* gegenübergestanden. Die christlich-soziale „Reichspost“ schreibt, der Täter habe *„in ehrlicher sittlicher Empörung“* gehandelt, sich aber *„bei der Wahl der Mittel vergriffen, um seinem Zorn Luft zu machen“*. Im Rest des Artikels trampelt das Christenblatt auf dem im AKH mit dem Tod ringenden Bettauer herum: Dieser habe *„die Grundfesten des sittlichen Gebäudes“* niedergerissen und sei nun eben unter dessen Trümmern begraben worden.

Überraschenderweise zeigt auch der Chefredakteur der liberalen „Neuen Freien Presse“, Ernst Benedikt, Verständnis für den Mörder:

„Hier ist nicht die Bestie im Menschen zur Übermacht erwachsen, sondern hier hat ein Jüngling aus dem zwingenden Gebot seiner Empörung heraus gehandelt."

Aus anderen Gründen nicht besonders geistreich ist der Bericht des KPÖ-Zentralorgans „Die rote Fahne": Bettauer habe aus dem *„Interesse der proletarischen Jugend an der Lösung der sexuellen Not"* Profit schlagen wollen: *„Der Geschäftsmann, der aus allem Profit schlägt und dabei den Reformator mimt, dieser Geschäftsmann ist es, den es zu bekämpfen galt."*

Als eines der wenigen Blätter hält die sozialdemokratische „Arbeiter Zeitung" dagegen: *„Wären die Christlichsozialen konsequent, müßten sie sagen: Der Seipel ist schuld an diesem Attentat, weil in seiner Presse die Polemik gegen Bettauer die gewöhnlichsten Ausdrucksformen sogar weit überschritt. Das Gleiche gilt für die Hakenkreuzpresse ... Eine sittliche Rechtfertigung für die Tat, der Hugo Bettauer zum Opfer gefallen ist, gibt es nicht."*

Hugo Bettauer wird im Allgemeinen Krankenhaus operiert, kommt noch einmal zu Bewusstsein, erliegt aber zwei Wochen nach dem Anschlag seinen schweren Verletzungen.

Der Schriftsteller Robert Musil nimmt wie der Wiener Finanzstadtrat Hugo Breitner und mehrere sozialdemokratische Abgeordnete an der Beisetzung von Bettauers Urne am Zentralfriedhof teil. Musil ist beileibe kein Sozialist, er ist auch kein Stürmer und Dränger. Aber es beunruhigt ihn, was er im Mordfall Bettauer beobachtet hat. In einem Nachruf schreibt er: *„Eine Zeit, welche nicht auf das Wort des Schriftstellers hört, sondern das Schlagwort, hob ihn in den Mittelpunkt eines Streites, dem er zum Opfer fiel ... Er fiel für die vornehmste Aufgabe seines Berufs: das auszusprechen, was man für richtig hält."*

Nun kommt wieder Rechtsanwalt Walter Riehl ins Spiel, der Gründer der österreichischen NSDAP. Riehl verteidigt den Täter Otto Rothstock beim Prozess im Wiener Landesgericht unentgeltlich, er sieht in der Übernahme des Mandats einen politischen Auftrag. Der Presse teilt er in einem Brief mit, er verlange *„angesichts der Vermögenslosigkeit der Arbeiterfamilie Rothstock"* kein Honorar. Als Promi-Anwalt kann er sich diese Großzügigkeit leisten, Riehl hat eine gut betuchte Klientel. Und er hat ein Ziel: Er will die Verhandlung zur Kundgebung machen.

Anwalt Walter Riehl (Foto aus 1940): Der NSDAP-Gründer ersparte dem Bettauer-Mörder das Gefängnis.

Er berät Otto Rothstock deshalb auch eher politisch als juristisch. Bei seinem Verhör erklärt der 21-jährige Attentäter nach den Vorgaben seines Anwalts: *„Ich gebe über Befragen an, daß ich selbst, wenn ich diese Schriften gelesen habe, die ja nichts anderes als die Sehnsucht nach dem Weib und nach dem geschlechtlichen Verkehr enthalten, in geschlechtliche Erregung gekommen bin und daß diese Erregung dazu beigetragen hat, daß meine Gedanken von der Arbeit abgelenkt wurden.*"

Vor Gericht bringt Anwalt Walter Riehl alle Sexualdelikte der vergangenen Monate mit Bettauers Zeitschrift in Verbindung, obwohl die Zahl der Anzeigen wegen „Unzucht" insgesamt zurückgegangen ist. Zunehmend gelingt es ihm, den Prozess gegen Rothstock in einen gegen den ermordeten Bettauer umzudrehen. Gleichzeitig setzt er alles daran, um zu vermitteln, Rothstock sei zum Zeitpunkt der Tat aufgrund seiner durch Bettauers Schriften bedingten Überreizung *„seiner Vernunft beraubt"* gewesen – eine Version, die Rothstocks Eltern im Zeugenstand nur zu gern bestätigen.

Die Geschworenen schließen sich mit knapper Mehrheit – sechs zu fünf Stimmen – dieser Meinung an. Otto Rothstock wird von der Mordanklage freigesprochen und in die Heilanstalt Steinhof eingewiesen. Im Mai 1927, zwei Jahre nach der Tat, wird er als geheilt entlassen und eröffnet mit finanzieller Unterstützung durch Walter Riehl eine Dentistenpraxis in Wien-Mariahilf. Wenige Jahre später wandert Rothstock nach Deutschland aus und wird in Hannover Mitglied der Waffen-SS. Noch 1977 rühmt er sich in einem Interview für die ORF-Sendung „Teleobjektiv" der *„Auslöschung"* Bettauers.

Zwei Monate nach Rothstocks Entlassung, also im Juli 1927, verteidigt Staranwalt Riehl drei Aktivisten des „Frontkämpferbunds", die im burgenländischen Schattendorf während einer Veranstaltung der Sozialdemokraten aufmarschierten und sich angesichts der Übermacht in einem Gasthaus verschanzten. Aus den Fenstern erschossen sie einen Kriegsinvaliden und ein Kind.

Riehl hat abermals Erfolg: Alle drei Angeklagten werden freigesprochen. Es war Notwehr, urteilt der Richter. Am nächsten Tag kommt es in Wien zu großen Demonstrationen gegen das Urteil, der Justizpalast geht in Flammen auf. 89 Menschen sterben, als die Polizei das Feuer eröffnet.

Für Walter Riehl haben sich der Fall Bettauer und der Freispruch der Schattendorf-Schützen rentiert – besonders, was das Ansehen in der Partei betrifft. Riehl hatte sich 1923 mit Adolf Hitler zerstritten, weil er mit dessen Münchener Putschversuch nicht einverstanden war. Er plädierte dafür, mittels Wahlen die Macht anzustreben, und trat sogar für einige Jahre aus der Partei aus. Aber der Strategie, neben dem Straßenkampf auch über Wahlen Macht zu gewinnen, schließt sich nun auch Hitler an, wenngleich seine NSDAP bei den deutschen Reichstagswahlen 1928 nur magere 2,6 Prozent einfährt. Den Entscheidungskampf sucht die Hitler-Partei ohnehin weiter auf der Straße.

Riehl ist also wieder eine große Nummer in der Bewegung, er kandidiert bei den Wiener Landtagswahlen 1932 für die NSDAP. Im Landtagswahlkampf fordert er die Kastration jüdischer Männer, die Sex mit „arischen" Frauen haben. Nach den Wahlen zieht er für die NSDAP – sie erreichte 17 Prozent der Stimmen – in den Wiener Gemeinderat ein. Im selben Jahr wird die NSDAP in Deutschland mit 37,3 Prozent mit Abstand stärkste Partei.

Während der NS-Zeit widmet sich Walter Riehl ausschließlich seiner Anwaltskanzlei und bekleidet keine bedeutenden Funktionen in Staat und Partei, bleibt aber NSDAP-Mitglied (Mitgliedsnummer 360.702). 1947 wird Riehl Mitglied der ÖVP-Wien/Innere Stadt. In Reden fordert er zwei Jahre später die nun wahlberechtigten „Ehemaligen" auf, ÖVP zu wählen, *„um nicht dauernd als sogenannte ‚Faschisten' abseits zu stehen"*. Über Vermittlung von Nationalratspräsident Leopold Kunschak wird Riehl 1953 Funktionär im ÖVP-Akademikerbund. Er stirbt 1955 im Alter von 74 Jahren.

Kapitel 3

„NEGERSKANDAL IN WIEN!"

Kaum ist Arthur Schnitzler bezwungen und Hugo Bettauer tot, drohen neue „Gefahren": Eine „Negeroper" und eine „Halbnegerin" namens Josephine Baker kommen nach Wien.

Josephine Baker auf Wien-Besuch: Nazis marschierten auf, in den Kirchen wurden Bußgottesdienste abgehalten.

Der christlich-soziale Nationalratsabgeordnete Anton Jerzabek ist in zügellosen Zeiten wie diesen ein viel beschäftigter Mann. Entschlossen hat er gegen das – wie er es nannte – *„Schweinestück des Juden Schnitzler"* angekämpft und ohne Zweifel war es auch ihm zu verdanken, dass der Autor schließlich aufgab und den „Reigen" zurückzog.

1921 war Jerzabek in seiner Funktion als Präsident des Antisemitenbundes gemeinsam mit Walter Riehl, dem Gründer der österreichischen NSDAP, an der Spitze eines Zuges von einigen Tausend Gleichgesinnten auf der Wiener Ringstraße in Richtung Leopoldstadt marschiert, um Judengeschäfte zu demolieren, und wurde nur mit Mühe von der Polizei an der Überquerung der Donaukanal-Brücken gehindert. Bald darauf hatte Schnitzler resigniert.

Jetzt, im Herbst 1927, droht laut Jerzabek schon wieder Gefahr: Die Oper „Jonny spielt auf" des jungen Wiener Komponisten Ernst Krenek – er ist gerade 27 – wird in der Wiener Oper ins Programm genommen. In Deutschland ist „Jonny spielt auf" nach der triumphalen Premiere in Leipzig im Februar 1927 ein großer Publikumserfolg. Charlton, Jazz, Shimmy – diese Musik gefällt, auch wenn man so etwas noch nie in einer Oper gehört hat. Es ist Musik der Varietés und Tanzhallen, gewürzt mit Puccini. Selbst die New Yorker Metropolitan Opera nimmt den „Jonny" auf den Spielplan, Moskau und Leningrad zeigen Interesse.

Nach dem Publikumserfolg in Deutschland erhofft man sich natürlich in Wien, der Heimatstadt des Komponisten, schöne Kartenverkäufe.

Aber die Stimmung hier ist anders: Ein schwarzer Jazzmusiker im Mittelpunkt einer Oper und das in einem Haus, in dem Mozart, Wagner und Verdi herrschen – das geht gar nicht. Die rechte Presse der Stadt ortet sofort eine *„jüdische Provokation"*. Aber Krenek (1900–1991) ist kein Jude, sondern ein bürgerlich erzogener junger Mann aus Wien-Währing ohne irgendwelche jüdischen Vorfahren. Er war 1924 kurz mit Anna Mahler verheiratet, die Ehe hielt kaum ein Jahr. Mit Annas schwieriger Mutter Alma kam er nie zurecht: *„Wir konnten einander nicht leiden"*, erzählt er später, *„sie wollte nur beherrschen, sie war eine schreckliche Person."* In seinen Lebenserinnerungen, erschienen 1990, schreibt Ernst Krenek über Alma Mahler: *„Ihr Stil war der von Wagners Brünhilde, transponiert in die ‚Fledermaus'."*

Anton Jerzabek ist jedenfalls sofort zur Stelle, als ruchbar wird, dass das Haus am Ring diese „Negeroper" zu spielen gedenkt. So, wie er wenige Jahre zuvor zum Sturm auf Schnitzlers „Reigen" aufgerufen hatte, feuert der christlich-soziale Abgeordnete jetzt im Nationalrat Kreneks Gegner an: *„Daß die Aufführung einer Oper wie ‚Jonny spielt auf' auf Kreise, die auf eine nationale Würde noch etwas halten, aufreizend wirken muß, ist wohl ganz selbstverständlich."*

Der christlich-soziale Abgeordnete Jerzabek war auch Präsident des Antisemitenbundes.

Folgerichtig werden im Dezember 1927 bereits die ersten Aufführungen an der Wiener Staatsoper regelmäßig von jungen Demonstranten gestört. *„Einige Dutzend unserer heimischen Hitler-Schwärmer marschierten auf den Trottoir gegenüber der Oper hin und her, nützten ihre*

Schuhe ab und stießen Schmährufe gegen die Juden aus", berichtet die „Neue Freie Presse" eher amüsiert vom Premierenabend.

Die christlich-soziale „Reichspost" ist da schon betroffener: Solche Musik und solche Texte, fremdländisches Zeug, haben ihrer Meinung nach in der Wiener Oper keinen Platz. In ihrer Premierenkritik zitiert die „Reichspost" bierernst Richard Wagners Hans Sachs aus „Die Meistersinger von Nürnberg": *„Und welschen Dunst und welschen Tand/ Sie pflanzen uns in deutsches Land./ Was deutsch und echt, wußt keiner mehr,/ Lebt's nicht in deutscher Meister Ehr."*

In Deutschland, wo Kreneks Oper ein halbes Jahr zuvor ihre triumphale Erstaufführung gefeiert hatte, belagern nun immer öfter Schlägertrupps der bei Wahlen noch unbedeutenden NSDAP die Opernhäuser. In Kassel schleichen sich Nazis ins Theater und schneiden das Drahtseil durch, an dem eine Sperrholz-Lokomotive – zentrales Requisit des Stücks – über die Bühne gezogen wird. Die Vorstellung muss abgesagt werden.

Noch mehr Aufregung als über „Jonny spielt auf" gibt es in Wien, als zur selben Zeit bekannt wird, dass die berühmt-berüchtigte Tänzerin Josephine Baker (1906–1975) im Februar 1928 ein Gastspiel geben will. Jerzabek und sein Parteifreund, der Dritte Präsident des Nationalrats Leopold Waber, eilen sofort zu Bundeskanzler Ignaz Seipel (Christlichsoziale) und zu Vizekanzler Karl Hartleb (Landbund), *„um von diesen mit Rücksicht auf die große Erregung, die angeblich in der Bevölkerung wegen der geplanten Tänze und Nacktszenen der Josefine* (sic) *Baker herrsche, ein Verbot zu erwirken"*, wie es in einer Agenturmeldung heißt.

Große Erregung hat offenkundig auch den Abgeordneten Jerzabek selbst gepackt. Im Nationalrat erzählt er empört, aber detailreich über *„diese Halbblutnegerin, die nichts anderes zur Bekleidung trägt als eine Perlenschnur um die Hüften und seitlich daran angeheftet einige Straußenfedern. Die Avers- und Reversseite ist dagegen vollständig unbekleidet. Das kann man höchstens als Briefmarke bezeichnen, was sich da an Bekleidung vorfindet. Das ist eine Kleidung, die heute nur noch im Inneren des Kongostaates üblich ist. Und die ganze Kunst dieser Dame besteht darin, in den absonderlichsten Verrenkungen, Verzerrungen* *und Drehungen ihren Körper zu bewegen, wobei besonders darauf Bedacht genommen wird, dass das Hinterteil dem Beschauer möglichst zur Bewunderung vorgeführt wird.*"

Das stenographische Protokoll der Nationalratssitzung vermerkt „*stürmische Heiterkeit*" in den Reihen der Sozialdemokraten.

Aber heiter ist an dieser Episode nur wenig. Schon am nächsten Tag berichten die Zeitungen von geplanten Kundgebungen und Aufmärschen völkischer Vereine und des Deutschen Turnerbunds „*gegen die Verniggerung Wiens*". Diese wollen nun ebenfalls bei der Regierung vorsprechen, „*um sie auf die Folgen aufmerksam zu machen, die voraussichtlich eintreten werden, wenn es tatsächlich auf einer Wiener Bühne zu den afrikanischen Schaustellungen der Halbnegerin Josephine Baker kommt*", wie es in einer den Zeitungen zugegangenen Stellungnahme drohend heißt.

Freilich kommt Josephine Baker, sie ist 22, nicht aus Afrika und schon gar nicht aus dem Kongo, sondern aus dem US-amerikanischen Mittelwesten, aus St. Louis im Bundesstaat Missouri.

Zwei Jahre zuvor, 1925, war sie nach Paris gekommen und hatte die Stadt mit ihren Showtänzen sofort aufgemischt. Schon werden im Varieté Folies Bergère Baker-Statuetten angeboten, es gibt eine nach ihr benannte Zahnpasta, eine Seife, Schuhcreme und ein Haarfärbemittel. Sie besitzt ein Lokal, das „Josephine Baker Imperial", in dem sie eigenhändig Champagner ausschenkt. Im Théâtre des Champs-Élysées tritt sie mit zwei Dutzend schwarzen Sängern, Tänzern und Musikern auf, darunter der berühmte Saxofonist Sidney Bechet. Eigens für Josephine Baker wurde als Schlussnummer ein „*Danse Sauvage*" komponiert, der Höhepunkt jedes Auftritts.

Entflammte Kritiker vergleichen Bakers Show in Paris mit Igor Strawinskys „Le sacre du printemps", Pablo Picasso verehrt sie, Henry Matisse fertigt ein lebensgroßes Ausschneidemodell von Josephine an und hängt es in sein Schlafzimmer, Jean Cocteau entwirft ihr ein Bühnenbild, Max Reinhardt plant in Berlin ein Ballett für Josephine Baker, der bekannte Schlagerarrangeur Friedrich Holländer komponiert den Fox „*Ich lass mir meinen Körper schwarz bepinseln/ und fahre nach den Fidschi-Inseln*".

Als die österreichische Fußball-Nationalmannschaft zum Länderspiel gegen Frankreich nach Paris kommt – Österreich gewinnt 3:0 –, führt sie der seit 1924 in Frankreich lebende Architekt Adolf Loos in die Show *„der berühmten Negertänzerin Josephine Baker"*, wie mitgereiste Sportreporter ehrfürchtig berichten. Loos, auch er ein Anbeter Bakers, entwirft gerade aus Hingabe für den jungen Star eine Villa (sie wird nie gebaut).

„Sie versteht es, Paris in Atem zu halten", schreibt die Wiener Theaterzeitschrift „Die Bühne" 1927, *„bald kreiert sie einen neuen Tanz, bald gründet sie eine neue Bar, bald zieht sie mit ihren Negerfreunden durch die Straßen des Montmartre und vertrinkt ihre Gage. Ob Josephine Baker wirklich dieses in allen Farben der Leidenschaft und des Lasters schillernde Geschöpf ist, weiß man nicht. Aber jedenfalls verstehen es ihre Manager sehr geschickt, sie in Szene zu setzen."*

Österreichs Rechter, sie stellt mit der von Christlichsozialen, Landbund und Großdeutscher Volkspartei gebildeten Einheitsliste die Regierung, imponiert das alles nicht.

Der rote Wiener Magistrat gerät wieder unter Druck, dem er – anders als beim Ringen um Schnitzlers „Reigen" – nicht standhält. Es kommt zu einem flauen Kompromiss: Die geplante Baker-Revue im Ronacher wird untersagt, die Tänzerin muss in das kleinere Johann-Strauß-Theater in der Favoritenstraße ausweichen (nach 1948 logiert dort die linke Scala-Bühne). Sie darf auch nicht ihre eigene Revue darbieten, sondern nur einzelne Nummern daraus in das gerade laufende Programm „Schwarz auf Weiß" einspielen. So tritt Josephine Baker im März 1928 plötzlich an der Seite der wohl überraschten österreichischen Spaßmacher Armin Berg und Fritz Imhof auf.

Aber auch hier ist sie nicht willkommen. Aus Protest gegen Bakers Auftritt läuten alle Kirchenglocken im Bezirk Wien-Wieden. In der dem Theater nahe gelegenen Paulanerkirche werden drei Tage lang allabendlich Bußgottesdienste abgehalten.

Die „Deutsch-Österreichische Tageszeitung", Blatt der mitregierenden Großdeutschen Volkspartei, donnert: *„Macht Schluß mit den Negerskandalen in Wien, ehe es zu spät ist."* Die noch kleine Nationalsozialistische Deutsche Arbeiterpartei Wiens hält eine öffentliche

Versammlung ab, in der es sowohl gegen „Jonny spielt auf" als auch gegen Josephine Baker geht. Der Hauptredner schließt mit der sinnbefreiten Aufforderung, „*diesem Zerstörungswerk der Juden das einzig wirksame Mittel, den Nationalsozialismus, entgegen zu setzen und den Tag vorzubereiten, an dem Adolf Hitler uns aus dieser Schmach und Schande befreien wird.*"

Die „Arbeiter Zeitung" hält nach der Premiere delektiert fest: „*Sie war nicht allzu sehr bekleidet: ein Lendenschurz – ausgerechnet Bananen –, etwas Schmuck und sonst nichts.*"

Das sozialdemokratische Blatt kann es sich aber nicht verkneifen, den Abgeordneten Jerzabek zu bespötteln: „*Bakers kindlicher Übermut, ihre lausbubenhafte Frische, ihre durchaus unerotische Lustigkeit ließen alles Lasterhafte, alles Aufpeitschende so gänzlich vermissen, so daß mancher im Stillen den Jerzabek verwünschte, dem er hineingefallen war. Man hatte etwas Sündhaftes erwartet und nichts war da sündhaft, außer den Preisen der Sitze.*"

Nach der Besetzung Frankreichs durch die deutsche Wehrmacht im Juni 1940 arbeitet Josephine Baker für die Résistance und wird dafür nach Kriegsende mit hohen französischen Orden dekoriert. In den Jahren nach dem Krieg adoptiert sie zwölf Kinder unterschiedlicher Herkunft, Hautfarbe und Religion. In ihrer Heimat, den USA, schließt sie sich der Bürgerrechtsbewegung an und ist 1963 beim legendären „Marsch auf Washington" die Hauptrednerin neben Martin Luther King.

Josephine Baker stirbt 1975 im Alter von 69 Jahren in Paris.

Kapitel 4

„BILDLICHE NUDITITÄTSORGIEN“

Die österreichische Bundesregierung will 1927 den „Kampf gegen Schmutz und Schund“ verschärfen, aber die berühmtesten Musiker und Autoren des Landes leisten erstmals geschlossen Widerstand.

Langsam reicht es dem Bundeskanzler. Alle paar Jahre ein Eklat, ständig stehen brave Bürger und gottesfürchtiges Landvolk in offenbar aussichtslosem Abwehrkampf gegen Sittenverfall und Unkeuschheit. Der Parteitag der Christlichsozialen, also der Partei von Kanzler Ignaz Seipel, hatte 1926 auf dessen Anregung in einer Resolution eine Verschärfung des geltenden Schmutz- und Schundgesetzes gefordert. Aber es sind nicht nur die Schnitzlers, die Bettauers, die Bakers und deren sündiges Treiben, das die Delegierten des christlichen Parteikonvents zu dieser Forderung veranlasste. Es gibt auch immer mehr Kolportageromane und Illustrierte, in denen, so ein katholisches Blatt, *„bildliche Nuditätsorgien“* gefeiert werden.

Und dann ist da auch noch dieses neue Medium, der Kinofilm.

In ihm glaubten manche schon früh ernste Gefahren zu erkennen. Der deutsche Arzt Robert Gaupp war bereits 1912 davon überzeugt, das menschliche Auge könne die Bilderflut gar nicht bewältigen, die Folge seien Müdigkeit, Verwirrung und Nervosität. Laut einer damals ebenfalls kursierenden Theorie seien Frauen durch den Kinofilm noch gefährdeter als Männer: Frauen dächten in Bildern, während Männer nach Abstraktion strebten und daher dem neuen Medium nicht so leicht verfielen.

Der zu dieser Zeit in Europa führende Soziologe Gustave Le Bon (1841–1931) wurde nun oft zitiert. Le Bon hatte in seinem 1895 erschienen Bestseller „Psychologie der Massen“ festgestellt, die Masse sei „bildersüchtig“ und denke daher nicht rational. Fördert das Kino also Irrationalität, wurde nun gefragt – und konnte das gefährlich werden?

Bundeskanzler Prälat Seipel (r.) mit Kardinal Piffl: Die Kirche machte Druck zur Verschärfung des Schmutz- und Schundgesetzes.

Der deutsche Filmtheoretiker Leo Schulz hielt den Stummfilm an sich für eine Gefahr: „*Der stumme Film läßt jeden Zuschauer denken, wie er will, und die Handlung auffassen, wie er sie versteht. Viele Filme wirken ohne die feste Führung durch das Wort auf Minderintelligente und Jugendliche verwirrend, denn sie verführen dazu, das Bild der aufgefangenen Scheinwelt falsch zu deuten.*"

Überdies geschieht alles in einem verdunkelten Raum, jeder Kontrolle weitgehend entzogen. Und wer weiß, was in einem dunklen Kino noch alles passiert, gar nicht zu reden von den Filmen, die auch immer kühner und schlüpfriger werden. Berüchtigt sind die Filme der „Saturn“-Gesellschaft, die ab 1906 in Wien mehr als 50 kurze Streifen mit Titeln wie „Diana im Bade“, „Das eitle Stubenmädchen“, „Sklavenmarkt“ oder „Eine moderne Ehe“ drehte – die ersten österreichischen Spielfilme überhaupt. In ihnen zeigten etwas mollige Damen für wenige Augenblicke ihre entblößten Körper. Pornografische Handlungen gab es in den stets zehn Minuten langen Streifen nicht. Vorgeführt wurden die Filmchen bei „pikanten Herrenabenden“, für die in Zeitungsannoncen geworben wurde. 1911 machten die Behörden dem flotten Treiben ein Ende, untersagten die „Herrenabende“ und ordneten die Vernichtung des Zelluloids an.

Zeitungsinserat der „Saturn-Film“: Die „hochpikanten Herrenabende“ wurden bald verboten.

Freilich kursieren auch eineinhalb Jahrzehnte später noch immer Rollen mit „Saturn“-Filmen. Der Staat, in Österreich seit 1927 repräsentiert durch eine Koalitionsregierung von Christlichsozialen, Großdeutschen und Landbund, sieht sich im Zugzwang. Seine Zensurbefugnisse sind freilich durch die neue republikanische Verfassung deutlich geringer als zu Kaisers Zeiten.

Die Initiative für ein neues, schärferes „Schmutz- und Schundgesetz“, wie dies Seipels Parteitag 1926 gefordert hat, ist daher Chefsache. Priester-Kanzler Ignaz Seipel hat auch schon einen Plan. Schritt eins: Der Antrag auf eine solche Gesetzesverschärfung wird im Parlament von einer Frau eingebracht. Seipel wählt für diese Aufgabe die christlich-soziale Bundesrätin Berta Pichl (1890–1966), eine streng katholische Frauenpolitikerin. Schritt zwei: Er will danach persönlich mit Österreichs Kulturschaffenden reden, um sie von der Notwendigkeit eines solchen Gesetzes zu überzeugen.

Der Entwurf, den die Bundesrätin Pichl im März 1928 im Namen ihrer Partei vorlegt, ist radikal: Er sieht eine von der Regierung ernannte Kommission vor, die das Recht hat, als „unsittlich" erkannte Druckschriften und Bildwerke – also auch Filme – mit einem sofortigen Verbreitungsverbot zu belegen.

„Unter dem Deckmantel ‚Behütung der Jugend vor dem Einbruch der Unmoral' soll ein Kautschuk-Gesetz entstehen, das der Regierung an jedem Tag die Handhabe bietet, einen von ihr abgelehnten Geist ans Kreuz zu schlagen", urteilt die politisch liberale Wiener Boulevardzeitung „Die Stunde" nach Bekanntwerden des Gesetzesentwurfs.

Umgehend trommelt der neue „Verband schaffender Künstler" am 16. April 1928 seine Mitglieder zu einer Protestversammlung im Wiener Künstlerhaus zusammen. Dieser erste Gesamtverband der Kulturschaffenden umfasst Maler, Autoren und Musiker, Vorsitzender ist der Journalist und Autor Ernst Lothar (1890–1974).

Der bürgerliche Lothar, er wird 1935 Direktor des Josefstadt-Theaters und muss 1938 mit seiner Frau, der Schauspielerin Adrienne Gessner, vor den Nazis in die USA fliehen, kämpft in der Schmutz- und Schund-Frage mit sich selbst, wie er in seinen Memoiren zugibt: *„Erst kurz zuvor hatte ich die ‚Austreibung der Scham' aus dem öffentlichen und kulturellen Leben in einem Aufsatz heftig angegriffen; andererseits unterlag es keinem Zweifel, daß der Wunsch nach Anstand in Sprache und Bild nur zum Vorwand einer Wiedereinführung der von der Republik abgeschafften Zensur diente, die alles politisch und sonst Missliebige mundtot machen würde."*

Die Stimmung bei der Protestversammlung im Künstlerhaus ist angespannt. Unbestritten ist: Das Gesetz wird strikt abgelehnt, es hat hier keinen einzigen Fürsprecher. Die gesamte Autorenprominenz des Landes, auch ihr konservativer Teil, stellt sich geschlossen gegen den Regierungsentwurf. Hugo von Hofmannsthal etwa warnt in seinem Diskussionsbeitrag davor, dass gegen Irrtümer und Übergriffe einer von der Regierung eingesetzten Kommission nicht die geringste Sicherheit geboten wird; Anton Wildgans hält ein solches Gesetz für unwirksam und gefährlich; Richard Beer-Hofmann bezweifelt die Kompetenz der Regierungskommission: *„Es ist geradezu grotesk, wenn* *man sich ausmalt, wer nach diesem Gesetz darüber zu entscheiden hat, was ein Kunstwerk und was Schmutz und Schund ist. Man muß auf die ärgste und lächerlichste Willkür gefaßt sein.*"

Stefan Zweig ermächtigt die Protestversammlung im Künstlerhaus telegrafisch, auch in seinem Namen Einspruch *„gegen dieses vom Geiste der Engherzigkeit und Bevormundung erfüllte Gesetz"* zu erheben. In Jakob Wassermanns Telegramm an die Versammlung heißt es, das Gesetz sei ein *„Attentat gegen den Geist"*. Arthur Schnitzler entschuldigt seine Abwesenheit brieflich mit Reisevorbereitungen und bekräftigt, er halte die Bestimmungen des geltenden Schmutz- und Schundgesetzes für absolut ausreichend und sei gegen dessen Verschärfung.

Die im Künstlerhaus Anwesenden verabschieden vor dem Ende der Versammlung einstimmig eine Resolution, in der sie sich gegen die „unerträgliche Bevormundung" durch ein Gesetz dieser Art wehren.

Erstmals machen Kulturschaffende gemeinsam Front gegen den Staat.

Bundeskanzler Seipel weiß, dass seine Christlichsozialen nicht unbedingt das Vertrauen der Dichter und Denker des Landes genießen. Viele von ihnen sind als Juden immer wieder Opfer antisemitischer Tiraden seiner Partei – er selbst ist dabei auch nicht zimperlich.

Als im Jahr zuvor, 1927, in Wien und im Bund Wahlen stattfanden, veröffentlichte die „Arbeiter Zeitung" einen Wahlaufruf prominenter Künstler und Intellektueller zugunsten der Sozialdemokraten. Unterzeichnet war der Aufruf neben anderen von Sigmund Freud, Robert Musil, Alfred Polgar, den Komponisten Egon Wellesz, Wilhelm Kienzl und Anton Webern, dem Kabarettisten Fritz Grünbaum, den Psychologen Karl Bühler und Alfred Adler, den Architekten des Roten Wien Ernst Lichtblau und Oskar Strnad, von Franz Werfel und überraschenderweise auch von dessen Frau Alma Mahler. Alma hatte nie auch nur die geringsten Sympathien für die Linke geäußert, ihre Unterschrift am Wahlaufruf für die Roten scheint auf Drängen Werfels zustande gekommen zu sein.

Nach der Protestkundgebung im Künstlerhaus, der ebenfalls eingeladene Ignaz Seipel ist ihr ferngeblieben, sucht der Bundeskanzler nun das Gespräch im vertrauteren Bundeskanzleramt.

Als Verbindungsmann zu den Künstlern hat Seipel Ernst Lothar ins Auge gefasst, den Präsidenten des neuen Gesamtverbands. Lothar hatte nach seinem Jus-Studium immerhin sieben Jahre im Staatsdienst verbracht, bevor er sich 1925 ganz dem Schreiben und dem Theater widmete. Mit ihm konnte man wohl reden.

Der Bundeskanzler bittet also Ernst Lothar und einige andere Autoren und Komponisten am 8. Juni 1928 ins Kanzleramt, um mit ihm, mit Unterrichtsminister Richard Schmitz und hohen Regierungsbeamten im Metternich-Saal – ausgerechnet Metternich! – die geplante Gesetzesverschärfung zu besprechen. Er möge bitte auch Schnitzler mitbringen, so der Kanzler ausdrücklich.

Schnitzler ist überrascht, als ihm Ernst Lothar telefonisch die Einladung des Bundeskanzlers überbringt. Ignaz Seipel hatte schließlich 1921 seinen „Reigen" ein *„Schmutzstück aus der Feder eines jüdischen Autors"* genannt. Seipels Gefolgsleute hatten danach die Kammerspiele in der Rotenturmstraße verwüstet und das Publikum verprügelt, er selbst war dem gewalttätigen Mob gerade noch entkommen. So lang ist das noch nicht her.

Und jetzt lädt sein erbitterter Gegner ausgerechnet ihn zu einem Gespräch, noch dazu just über die Verschärfung des Schmutz- und Schundgesetzes? Schnitzler schreibt in sein Tagebuch: *„Der Bundeskanzler legt angeblich Werth auf meine Anwesenheit, die ich bisher ablehnte, zum Theil aus Antipathie gegen Seipel. Lothar geht so weit zu behaupten, daß von mir nun abhänge, ob man das Gesetz fallen läßt oder nicht. So stimmt das nicht, aber ein wenig geschmeichelt gefühlt habe ich mich doch. Man ist immer noch ein wenig dümmer und eitler, als man weiß."*

Auch Schnitzlers Schriftstellerkollegen Robert Musil, Joseph Roth und Hermann Broch sind zur Aussprache ins Bundeskanzleramt gekommen. Die Komponisten Alban Berg und Wilhelm Kienzl sind da, um sich mit den Autoren zu solidarisieren, die ja am meisten von einer Gesetzesverschärfung betroffen wären.

Bei der Sitzung kommt es erwartungsgemäß zu einer heftigen Konfrontation zwischen Kanzler Ignaz Seipel und Arthur Schnitzler, die dramatischen Auseinandersetzungen um den „Reigen" sind noch in lebhafter Erinnerung – wohl auf beiden Seiten. Ernst Lothar hat den heftigen Dialog zwischen Arthur Schnitzler und Bundeskanzler Seipel aufgezeichnet und in seinen Lebenserinnerungen wiedergegeben:

„Schnitzler, mir gegenüber, meldet sich zu Wort. Seine weiche, harmonische, fast zärtliche Stimme ist nicht wiederzuerkennen, so rau ist sie. Er spricht von der Unzulässigkeit, künstlerischen Erzeugnissen, die in keiner anderen Absicht als in einer künstlerischen hervorgebracht werden, einen Maulkorb umzuhängen.

‚Verzeihen Sie, Herr Doktor', unterbricht Prälat Seipel in dem gesammelt-gleichförmigen Ton, den er bevorzugt. ‚Woraus geht diese Absicht hervor?'

‚Aus dem Kunstwert', antwortet Schnitzler.

‚Ist der absolut?', fragt der Kanzler im Gewand des Priesters.

‚Relativ wie alles, Herr Bundeskanzler', antwortet Schnitzler herausgefordert; es ist eindeutig, dass er bitterste Erinnerungen unterdrückt.

‚Dann gäbe es', examiniert der Kanzler weiter, ‚kein gültiges Kriterium dafür, was Sie Kunstwerk nennen. Denn der eine hielte für Kunst, was dem anderen als Frivolität oder Blasphemie erscheinen könnte.'

‚Das ist eine Frage der Urteilsfähigkeit', sagt Schnitzler kurz.

Die Zuhörer werden unruhig, die Explosion liegt in der Luft, doch der Kanzler läßt nicht nach. ‚Wer besitzt die nach Ihrer Meinung?', wünscht er zu wissen.

‚Der Künstler', antwortet Schnitzler. ‚Und die für die Kunst Empfänglichen. Wozu Politiker selten gehören.'"

Man hat sich nicht geeinigt, die Fronten sind unverändert, sie sind sogar verhärtet. Arthur Schnitzler schreibt noch am Abend des Besuchs am Ballhausplatz ernüchtert in sein Tagebuch: *„Seipel ist derselbe, der vor sieben Jahren noch als kleiner Politiker gegen den ‚Reigen' hetzte. Nach Lothar sprach ich und fügte allerlei hinzu. Seipel polemisierte einigermaßen und fand, in dieser Hinsicht lägen Welten zwischen uns."*

Aber die Regierung Seipel unternimmt nun keinen Versuch mehr, das Gesetz zu verschärfen. Die Frage wird obsolet, als Seipels Nachfolger Engelbert Dollfuß im März 1933 zuerst das Parlament verjagt und noch in derselben Woche die 1919 abgeschaffte Zensur wieder einführt.

Arthur Schnitzler ist da schon seit mehr als einem Jahr tot, er war im Oktober 1931 nach einem Schlaganfall über seinem Schreibtisch in der Sternwartestraße zusammengebrochen. Ignaz Seipel war wenige Monate später im Alter von 56 Jahren den Folgen schwerer Diabetes erlegen.

Kapitel 5

EIN BESTSELLER WIRD VERBRANNT

Während sich in Wien Künstler und Autoren gegen Zensurpläne wehren, entwickelt sich in Deutschland 1928 ein literarisches Drama, das bald auf Österreich übergreift. Es geht um das Buch eines Sportredakteurs. Er heißt Erich Maria Remarque.

Er ist jetzt 30 und er ist unzufrieden. Nach Kriegsende hat es Erich Maria Remarque (1898–1970) zuerst als Volksschullehrer in seiner Heimatstadt Osnabrück versucht, es hat ihn nicht lange interessiert. Dann war er Gelegenheitsarbeiter, hat Grabsteine verkauft und in einer Spitalskirche die Orgel gespielt.

Remarque will schreiben, aber das entwickelt sich auch nicht gerade spektakulär: Redakteur beim kleinen „Osnabrücker Tagblatt", Mitarbeiter der Werkszeitung der Continental-Reifen-AG – glamourös ist das nicht.

1925 wird er beim Berliner Magazin „Sport im Bild" angestellt, er steigt sogar auf: „Verantwortlicher Redakteur" darf er sich bald nennen. Ihm wird auch ein Spezialgebiet übertragen: der Ruder- und Kanusport. Die Anstellung bringt ihm ein regelmäßiges Einkommen, aber auch diese Arbeit füllt ihn nicht aus. Denn Erich Maria Remarque geht ein Thema durch den Kopf und es lässt ihn nicht los: der Krieg. Er ist einer aus der „Lost Generation", einer der Jungen, die man damals ins Feuer geschickt hat.

Remarque war im November 1916 mit 18 Jahren direkt von der Schule zur kaiserlichen Armee eingezogen worden, im Juni 1917 kam er an die Westfront, acht Wochen später wurde er durch einen Halsdurchschuss und Granatsplitter in Armen und Beinen schwer verwundet. In einem Lazarett in Duisburg hörte er schreckliche Leidensgeschichten von Kameraden, die in den Schützengräben Flanderns verstümmelt worden waren. Er schrieb alles auf.

Jetzt, im Sommer 1927, zehn Jahre später, beginnt er nach Dienstschluss bei „Sport im Bild", an einem Roman darüber zu arbeiten.

Ein Jahr danach ist das Buch fertig. Remarque gibt ihm den Titel „Im Westen nichts Neues" und fragt beim S. Fischer Verlag nach, ob dort Interesse bestünde, den Roman zu drucken. Remarque trägt seinen Erstling damit hoch an. Der Verlag Samuel Fischers (1859–1934) hat alle großen Namen der deutschsprachigen Literatur unter Vertrag: Gerhard Hauptmann, Arthur Schnitzler, Hermann Hesse, Hugo von Hofmannsthal, Alfred Döblin und mit Thomas Mann sogar einen künftigen Nobelpreisträger.

Autor Erich Maria Remarque: Mit seinem Roman „Im Westen nichts Neues" wurde er zum Feindbild der erstarkenden Rechten.

An Remarques Text hat Verlagschef Fischer kein Interesse: Keiner kennt den Autor, Kriegsbücher seien zu schwere Kost und damit Ladenhüter. So etwas passe nicht in sein Programm.

Der erfahrene Verleger ist überzeugt, das große Schlachten der Jahre 1914 bis 1918 sei noch immer ein Tabuthema.

Da wurde tatsächlich viel verdrängt und nichts aufgearbeitet: Die Linke macht Monarchenwahn und Kriegsgeilheit der Generalität für die Niederlage verantwortlich; die Rechte sieht die Armee *„im Felde unbesiegt"*. Verräter an der Heimat – Sozialdemokraten, Bolschewisten und raffgierige Juden – hätten ihr hinterrücks einen *„Dolchstoß"* versetzt, so die Legende, entworfen von der obersten Heeresleitung bei Kriegsende.

Auch die Intellektuellen haben kein gesteigertes Interesse an der Aufarbeitung der jüngeren Geschichte: Viele von ihnen, sogar der große Thomas Mann, hatten 1914 lauthals die Ansicht vertreten, Krieg sei für ein Volk in gewissen Abständen etwas Notwendiges, Reinigendes, Gesundes. Viele österreichische Autoren und Künstler – Werfel, Hofmannsthal, Rilke, Musil – leisteten ihren Kriegsdienst engagiert im Kriegspressequartier und anderen Propagandaeinrichtungen weit hinter den Fronten ab. Wie hatten manche Dichter und Denker am Beginn des Schlachtens von diesem Krieg geschwärmt! Etwa Hugo von Hofmannsthal, der sich in völlig unsinnigen Schwulst verstieg: *„Geist und Sittlichkeit greifen um sich und die Stimmung hinter dieser Armee hat etwas nicht nur völlig Europäisches, sondern darüber hinaus etwas in hohem Sinn Koloniales, mit dem Hauch der Zukunft Trächtiges."*

Auch Robert Musil war 1914 dem Taumel erlegen: *„Treue, Mut, Unterordnung, Pflichterfüllung, Schlichtheit – Tugenden, die uns heute stark machen zu kämpfen. Wir haben nicht gewusst, wie schön und brüderlich der Krieg ist."*

Selbst Stefan Zweig, gegen Ende des Ersten Weltkriegs entschlossener Pazifist, gab sich zu dessen Beginn der Kriegstrunkenheit hin: *„Mit beiden Fäusten, nach rechts und links muß Deutschland jetzt zuschlagen. Jeder Muskel seiner herrlichen Volkskraft ist angespannt bis zum Äußersten, jeder Nerv seines Willens bebt von Mut und Zuversicht"*, schrieb er in sein Tagebuch.

Nur wenige hielten von Beginn an dagegen, etwa Thomas Manns Bruder Heinrich.

Viele der damals Kriegsbegeisterten haben inzwischen ihren Irrtum erkannt, aber in ihrer literarischen Arbeit scheuen sie ein Jahrzehnt später noch immer das Thema. Stefan Zweig schreibt lieber große historische Biografien, Hofmannsthal verfasst Libretti für Richard Strauss. Der Weltkrieg ist, wie Verleger-Doyen Samuel Fischer also konstatiert, nach wie vor ein Tabu.

Das ist nun die Lage, als Erich Maria Remarque im Herbst 1928 noch immer einen Verlag für seinen Kriegsroman sucht. Er findet ihn im November: Der Ullstein-Konzern will „Im Westen nichts Neues“ in seinem Propyläen Verlag erscheinen lassen, eine Art Versuchsprogramm. Erscheinungsdatum: Ende Januar 1929.

Ab diesem Zeitpunkt steht die Druckmaschine des Verlagshauses für lange Zeit nicht mehr still, weil das Unglaubliche eingetreten ist: Bis Mitte April wird Remarques Buch eine halbe Million Mal verkauft, im August hält man bereits bei 1,5 Millionen Exemplaren. „Im Westen nichts Neues“ ist inzwischen in mehrere Sprachen übersetzt. Sogar in den USA und in Frankreich, damals Kriegsgegner der Achsenmächte, liegen die Verkaufszahlen ein halbes Jahr nach dem Erscheinen bei je 250.000 Exemplaren.

Eine Zeitung fragt in den größten Buchhandlungen Deutschlands nach den bestverkauften Büchern des Jahres 1929. In fast allen Läden führt Remarques „Im Westen nichts Neues“, gefolgt von Stefan Zweigs „Joseph Fouché“-Biografie und Thomas Manns „Buddenbrooks“, für die dem Autor im selben Jahr der Literatur-Nobelpreis zugesprochen wurde.

In Wien versucht die „Arbeiter Zeitung“, Remarques Erfolg zu erklären: *„Zehn Jahre lang haben über den Weltkrieg seine Zuschauer und Regisseure berichtet, zehn Jahre lang war der Weltkrieg für die Nachgeborenen eine Revue von rachsüchtigen Ministern und eifersüchtigen Generalstäblern mit Telephonanschlüssen an die Front und tapferen Soldaten, die – so der Fachausdruck – ‚durchhielten'. Aber nun beginnen die Frontsoldaten zu reden, zehn Jahre später.“*

Auch aus der Buchbesprechung der Wiener Tageszeitung „Der Tag" spricht Erleichterung, weil endlich das Grauen dieses furchtbaren Kriegs beim Namen genannt wird: *„Die Frontgeneration spricht, jene Achtzehn- und Neunzehnjährigen, die von den Schulen geholt in das Feuer der Granaten und Schrapnells geworfen wurden. Jene Jugend, die nicht einmal die Welt gekannt hatte, die zu nichts anderem als der Vernichtung getrieben wurde."*

Selbst die christlich-soziale „Reichspost" ist vom pazifistischen Bestseller beeindruckt: *„Ein Kriegsbuch, das in krasser Realistik das Leben und Sterben des Frontsoldaten schildert. Kurze Episoden des grauenvollen Alltags von 1914 bis 1918 sind zu einem erschütternden Gesamtbild zusammengefügt."* Besonders lobt das konservative Blatt Remarques *„literarische Qualitäten"*.

Das wird sich rasch ändern.

Seinen Job bei „Sport im Bild" hat Erich Maria Remarque unmittelbar nach dem Erscheinen von „Im Westen nichts Neues" verloren. Das Blatt erscheint in einem Verlag des deutschen Presse-Zaren Alfred Hugenberg (1865–1951). Hugenberg ist Vorsitzender der rechten „Deutschnationalen Volkspartei", seit den Wahlen von 1928 mit 14 Prozent der Stimmen zweitstärkste Fraktion im Reichstag. Er druckt in seinem Verlag auch die Reden Adolf Hitlers, dessen Schlägertrupps ständig Randale machen, obwohl seine NSDAP bei den Reichstagswahlen nur 2,6 Prozent ergattert hatte. Der Schreihals sei keine Konkurrenz, glaubt der rechte Zeitungskrösus.

Hingegen erbittern ihn die Auslassungen dieses Remarque: Unfassbar – einer seiner Angestellten schreibt ein solches Buch! Hugenberg kündigt seinem Sportredakteur fristlos und erteilt ihm Hausverbot.

Remarque kann den Jobverlust leicht verschmerzen. Er hat Großes geschaffen und als Erster den Krieg und den unmenschlichen Drill auf den Kasernenhöfen und das Grauen des Stellungskriegs in gebührender Drastik beschrieben. *„Ich habe an diesem Morgen vierzehnmal das Bett gebaut"*, lässt er seinen Protagonisten erzählen, *„ich habe die Korporalsstube mit einer Zahnbürste saubergeschrubbt; Kropp und ich haben uns mit einer Handbürste und einem Fegeblech an den Auftrag gemacht, den Kasernenhof vom Schnee zu reinigen. Ich bin nachts* *um 2 Uhr achtmal im Hemd vom obersten Stock in den Hof heruntergerannt, weil meine Unterhose einige Zentimeter über den Rand des Schemels herausragte, auf dem jeder seine Sachen aufschichten musste.“*

Nein, der Krieg hat nichts „Reinigendes“, nicht „Erhabenes“, es gibt keine Romantik am Schlachtfeld, die Geschichten vom glorreichen „Heldentod“ sind verfluchte Lügen. Das wird überdeutlich, wenn Remarque vom einsamen Sterben eines Soldaten in einem lehmigen Schützengraben in Nordfrankreich erzählt: *„Allmählich wird er heiser, dabei ist deutlich zu verstehen, was er ruft. Zuerst hat er immer nur um Hilfe geschrien ... In der zweiten Nacht muß er etwas Fieber haben, er spricht mit seiner Frau und seinen Kindern ... Heute weint er nur noch, abends erlischt die Stimme zu einem Krächzen ... Morgens, als wir schon glaubten, er habe längst Ruhe, dringt noch einmal ein gurgelndes Röcheln herüber.“*

Remarques Hauptfigur Paul wird im Oktober 1918 von der tödlichen Kugel getroffen, er ist einer der bis dahin 17 Millionen Gefallenen. Die Kampfhandlungen flauen da bereits ab, im Bericht der Obersten Heeresleitung heißt es an diesem Tag: *„Im Westen nichts Neues“.*

Samuel Fischer, dieser große Verlagsmann, hat sich geirrt: Genau das wollen die Menschen in den vom großen Krieg heimgesuchten Staaten endlich lesen und nicht mehr diese verlogenen Heldengeschichten, sie wollen wissen, wie ihre Väter, Ehemänner und Söhne gestorben sind; zu lange hat man ihnen die schreckliche Wahrheit vorenthalten.

Im Vorwort zu seinem Buch, dessen unglaublicher Erfolg ihn wohl selbst überrascht, beteuert Remarque, keine politischen Zwecke zu verfolgen: *„Es soll weder eine Anklage noch ein Bekenntnis sein; es soll nur den Versuch machen, über eine Generation zu berichten, die vom Kriege zerstört wurde, auch wenn sie seinen Granaten entkam.“*

Aber „Im Westen nichts Neues“ ist natürlich ein hochpolitisches Buch. Es ist auch als Anklage gegen Lehrer, Politiker und Eltern zu lesen, die mit chauvinistischen Reden die Jugend in diesen Krieg getrieben haben.

Die österreichische RAVAG, die 1924 gegründete Radio-Verkehrs-AG, sendet aus ihrem Studio in einer ehemaligen Schule in der Wiener Johannesgasse den gesamten Roman in einer Hörspielserie, gelesen vom jungen Burgschauspieler Ewald Balser – auch er ein ehemaliger Kriegsteilnehmer, der als 19-Jähriger schwer verwundet wurde.

Erich Maria Remarque, gerade noch kleiner Sportreporter, ist plötzlich ein Star, ein Mitglied der Berliner „Gesellschaft". Alle Zeitungen und viele Frauen haben ein Auge auf den Erfolgsautor geworfen. Die Reporter sind ihm ständig auf den Fersen: Remarque fährt zur Kur nach Arosa; Remarque raucht gern Zigarren; Remarque hat einen kleinen Autounfall mit Blechschaden; Remarque fährt auf der Berliner Avus-Rennstrecke mit einem Lancia unglaubliche 130 km/h.

Autoren und Schauspieler treffen sich in diesen Jahren gern an der Bar des Berliner Hotels Eden. Elf Jahre zuvor war in dessen Foyer die Revolutionärin Rosa Luxemburg von Freikorps-Männern ermordet worden, aber das weiß kaum noch jemand.

Remarque sitzt am Hotel-Eden-Stammtisch mit dem Wiener Feuilletonisten Alfred Polgar und dem ungarischen Schriftsteller Ferenc Molnár zusammen. Polgar hat Molnárs „Liliom" für das Josefstadt-Theater höchst erfolgreich von Budapest in den Wiener Prater verlegt.

Auch eine junge Schauspielerin stößt zur munteren Runde. Sie feiert wie Remarque in diesem Jahr 1930 einen gewaltigen Erfolg: Die Berlinerin Marlene Dietrich (1901–1991) erobert gerade als tolle Lola im Film „Der blaue Engel", gedreht nach dem Roman „Professor Unrat" von Heinrich Mann, die deutschen Kinos. Es ist ein politischer Film, der mit der Doppelmoral des Spießbürgertums im Wilhelminischen Kaiserreich abrechnet.

Wie „Im Westen nichts Neues" scheint auch „Der blaue Engel" in diesen späten 1920er-Jahren einem jetzt Oberhand gewinnenden Zeitgeist zu entsprechen. Endlich scheint das Alte, das Verdrängte, das krankhaft Autoritäre niedergerungen.

Erich Maria Remarque werden höchste Ehren zuteil: Er wird sowohl für den Literatur- als auch für den Friedensnobelpreis vorgeschlagen. „Im Westen nichts Neues" ist knapp ein Jahr nach seinem Erscheinen in 26 Sprachen übersetzt, der Autor verdient prächtig.

Stefan Zweig schreibt an seinen Freund, den französischen Autor Romain Rolland: *„In Deutschland sind die Nationalisten am Verzweifeln. Das Buch von Remarque – die Auflage geht auf die Million zu – hat sie umgeworfen. Dieses schlichte und wahre Buch hat mehr ausgerichtet als alle pazifistische Propaganda in zehn Jahren."*

Fast wäre im Jubel über Remarques überfällige Aufarbeitung der jüngeren Geschichte untergegangen, dass am 25. Oktober 1929 die New Yorker Börse implodiert ist. Mit Verzögerung erreichen die Stoßwellen auch „Old Europe", die wirtschaftlichen Folgen sind bald unübersehbar. Die Arbeitslosigkeit steigt, die sozialen Netze sind löchrig, so es sie überhaupt gibt. In fast allen Ländern legen radikale Rechtsparteien bei Wahlen zu. Bei den deutschen Reichstagswahlen von 1930 wird die NSDAP mit 18 Prozent der Stimmen (plus 15 Prozentpunkte gegenüber 1928) zweitstärkste Fraktion. Der altmodisch-deutschnationale Hugenberg hat die Konkurrenz von ganz rechts unterschätzt. Seine knorrigen Großdeutschen gehen in der entschlosseneren NSDAP auf.

Der politische Wind dreht sich, die Stimmung schlägt um und die Rechte beherrscht auf immer mehr Themenfeldern den Diskurs.

Viele Zeitungen rücken nun auch in Österreich vom einstigen Lob für Remarques Roman ab. Dieser habe sich *„einfach der Massenmentalität unserer Zeit geschickt angepasst"*, meint die christlich-soziale „Reichspost" jetzt schon deutlich weniger begeistert als noch vor Jahresfrist. Die „Österreichische Wehrzeitung", Blatt des Offiziersverbands, ist da schon schärfer: *„Remarque kämpft mit geschlossenem Visier. Er verbirgt sich hinter der Menschlichkeit, schnellt aber bewußt und gewollt einen giftgetauchten Pfeil in die Seele der heranwachsenden Jugend."*

In einigen Blättern werden unter falschem Namen eingesendete Leserbriefe abgedruckt, in denen empfohlen wird, „Remarque" doch einmal von hinten zu lesen: Kramer heiße dieser Kerl in Wahrheit und er sei ein Jude!

Auch ein Witz kursiert, in dem Remarque nicht gut wegkommt: Er habe den berühmten Literaturkritiker Alfred Kerr gefragt, was er als Nächstes schreiben soll. *„Am besten nichts Neues"*, habe der geantwortet. Kerr dementiert umgehend in einer Presseerklärung: Das sei frei erfunden, er halte Remarques Buch für *„ungewöhnlich wertvoll"*.

Aber der Gegenwind wird immer schärfer.

In Österreich wird „Im Westen nichts Neues" nach einem entsprechenden Erlass des Heeresministeriums aus den Soldatenbüchereien und Garnisonsbibliotheken des Bundesheers aussortiert. Begründung des Ministeriums: *„Das Buch ist geeignet, den Geist der Wehrhaftigkeit in der Truppe zu untergraben."*

In Thüringen, wo eine rechte Koalition erstmals mit Beteiligung der NSDAP regiert, werden Lehrer, die „Im Westen nichts Neues" im Unterricht verwenden, mit einem Disziplinarverfahren bedroht. Treibende Kraft dahinter ist Thüringens Nazi-Innenminister Wilhelm Frick, der 1946 als einer der Hauptkriegsverbrecher zum Tode verurteilt werden wird.

Inzwischen wurde „Im Westen nichts Neues" verfilmt – in den USA und nicht in Deutschland, wo der deutschnationale Verleger Hugenberg mittlerweile auch die Filmindustrie beherrscht. Die Weltpremiere findet in London statt.

In Deutschland wird im Dezember 1930 nur ein Fragment erstaufgeführt. Die Mitte-rechts-Regierung von Reichskanzler Heinrich Brüning lässt alle Szenen aus dem Film schneiden, in denen Rekruten von Vorgesetzten schikaniert werden. Trotz dieser radikalen Eingriffe organisiert der NSDAP-Gauleiter von Berlin Joseph Goebbels massive Störaktionen: Vor dem Kino bedrängen SA-Trupps die Besucher, im Saal werfen junge Nazis Niespulver, Stinkbomben, weiße Mäuse und Blindschleichen von der Galerie ins Publikum. Die Premiere muss abgebrochen werden.

Nur eine Woche nach der geplatzten Erstaufführung wird der Film in ganz Deutschland verboten. Fünf deutsche Landesregierungen, jene mit rechter Mehrheit, haben einen entsprechenden Antrag an die Film-Oberprüfstelle gestellt. Den Ausschlag gab die Stellungnahme von Reichswehrminister Wilhelm Groener (1867–1939). Der parteilose Groener war während des Weltkriegs einer der höchsten Offiziere der kaiserlichen Armee, „Im Westen nichts Neues" ist für ihn Hochverrat.

In Österreich ist der Film in diesem Dezember 1930 nicht verboten, er wurde ja noch gar nicht aufgeführt. Für die Premiere im Apollo-Kino in der Wiener Gumpendorfer Straße am 3. Januar 1931 hat die Sozialdemokratische Kunststelle in einem Handstreich alle Karten aufgekauft, um Proteste im Saal zu verhindern. Die christlich-soziale „Reichspost" schäumt: *„Justamentvorführung eines im Deutschen Reich verbotenen Films in Wien."* Kein *„wahrer Österreicher"* könne darauf erpicht sein, *„einen im Deutschen Reich als Beleidigung empfundenen und daher verbotenen Film zu sehen."* Die „Frontkämpfervereinigung" fordert von der Regierung *„in leidenschaftlicher Empörung"* ein Verbot des Films.

Dazu mag sich die Bundesregierung noch nicht durchringen, sie empfiehlt aber den Kinos in allen Bundesländern eindringlich, „Im Westen nichts Neues" nicht auf den Spielplan zu nehmen, *„aus Gründen der nationalen Solidarität"*.

Am Tag der Premiere versammeln sich Hunderte Nationalsozialisten an Treffpunkten in der Umgebung des Apollo-Kinos. Auch Promi-Anwalt Walter Riehl, wir kennen ihn aus den Auseinandersetzungen um Schnitzlers „Reigen" und als Rechtsvertreter von Hugo Bettauers Mörder, ist wieder mit von der Partie. Die Redner wüten gegen *„die jüdisch-freimaurerische Beherrschung des Kino- und Theaterwesens"* und fordern wie die Frontkämpfer ein sofortiges Verbot des Films.

Rasch wächst die Zahl der Demonstranten, die über die Gumpendorfer Straße Richtung Apollo-Kino ziehen, auf 2.000 Menschen an. Auch die Heimwehr hat inzwischen Kontingente nach Mariahilf beordert, sie schließen sich nun den Nationalsozialisten an. Der Wiener Heimwehr-Chef Emil Fey höchstpersönlich marschiert an der Spitze seiner Truppe.

Die Polizei kann zwar den Sturm auf das Kino verhindern, in dessen Umgebung kommt es aber zu schweren Ausschreitungen. Im Café Ritter auf der Mariahilfer Straße werden Scheiben eingeschlagen, in der Neubaugasse ein Radiogeschäft und eine Seidenhandlung demoliert. In der Schmalzhofgasse werfen Demonstranten Steine gegen einen jüdischen Betsaal. Auch Straßenbahnen werden angegriffen. Die „Arbeiter Zeitung" verspottet die gegen die Remarque-Verfilmung

Preis im Einzelverkauf
an Wochentagen
18 Groschen
an Sonn- u. Feiertagen
24 Groschen

Arbeiter-Zeitung

Zentralorgan der Sozialdemokratie Deutschösterreichs

Erscheint täglich um 6 Uhr morgens, Montag um 1 Uhr mittags

Schriftleitung
Verwaltung
Druckerei u. Versand:
V. Rechte Wienzeile 97
Telephon:
B 29-5-10 Serie

Nr. 5. Wien, Montag, 5. Jänner 1931. 44. Jahrgang.

Blutige Zusammenstöße im Ruhrgebiet.

(Bericht der Arbeiter-Zeitung.)

Essen, 5. Jänner. Die Streiklage im Ruhrgebiet hat sich im allgemeinen nicht geändert. Der Sonntag ist ziemlich ruhig verlaufen. Dagegen kam es in der Samstagnacht an mehreren Stellen zu heftigen Zusammenstößen.

In Lindfort (Kreis Moers) verhaftete die Polizei zwei kommunistische Funktionäre, die in einer Versammlung zu Gewalttätigkeiten aufgefordert haben sollen. Eine große Menschenmenge zog vor das

Der Hakenkreuzwirbel gegen den Remarque-Film.

Zerschlagene Fensterscheiben zur „Ehre der deutschen Frontsoldaten".

Der nächtliche Wirbel der Hakenkreuzbuben am Samstag vor dem Apollokino gegen eine geschlossene Aufführung des Films „Im Westen nichts Neues" hatte, wie die Polizei mitteilt, dreißig Verhaftungen zur Folge. Fünf Wache-

deutschen Frontsoldaten" zu schützen, für die sie zu demonstrieren vorgeben, werden sie schwer begreiflich machen können. Auch daß sie damit der Polizei den Vorwand liefern sollen, den Film zu verbieten, hat wenig für sich: man kann nicht

Vom Tage.

Die Hakenschwänzler.

Man hat also Samstag nacht das deutsch bewußte, heldentodbegeisterte und gegen den „Jämmerling" Remarque demonstrierend „Volk" auf der Straße gesehen: es waren wohlgezählte sechshundert Bürscherln, von denen kein einziger den Weltkrieg anders al in Schnellfeuerhosen erlebt hat, und ei Dutzend Bärte aus großer Zeit. Sie be mühten sich hinterlandsheldenhaft, das Ber

Titelseite der Arbeiter Zeitung: Die Nazis wüteten gegen die Remarque-Verfilmung.

protestierenden Nazis als *„heldentodbegeisterte Bürscherln, von denen kein einziger den Weltkrieg anders als in Schnellfeuerhosen erlebt hat"*.

Die erste öffentliche Vorführung von „Im Westen nichts Neues" findet drei Tage später im Schwedenkino in der Wiener Taborstraße statt (es stand an der Stelle des heutigen Media-Towers). Die Polizei hat vorsorglich das Straßenstück vor dem Kino und die unmittelbar daneben von der Leopoldstadt in die Innenstadt führende Schwedenbrücke über den Donaukanal gesperrt. Die Kinobesucher werden genau kontrolliert.

Die so am Sturm auf das Kino gehinderten Demonstranten sammeln sich daher am stadtseitigen Ufer, also am Schwedenplatz. Sie bewerfen Straßenbahnen mit Steinen, Scheiben mehrerer Kaffeehäuser und Geschäfte gehen zu Bruch. Nun tauchen auch hier uniformierte Heimwehrmänner auf, sie werden von den Nazi-Demonstranten unter großem Jubel mit dem Faschistengruß willkommen geheißen. Abwechselnd brüllen sie *„Deutschland erwache"* und *„Juda verrecke"* über den Fluss.

Es hat sich herumgesprochen, dass Lewis Milestone, der Regisseur des Anti-Kriegsfilms, Jude ist. Und Autor Remarque wird von der NSDAP – immer mehr hören nun auf sie – ja ebenfalls als Jude ausgegeben, als „*der Jude Kramer*". Da sie das Schweden-Kino weder von der Stadtseite noch von der Taborstraße aus einnehmen können, ziehen die Demonstranten von der Polizei abgedrängt an der Urania vorbei einige Hundert Meter flussabwärts in den 3. Bezirk und versuchen, über die Franzensbrücke und den Praterstern in die Leopoldstadt einzudringen. Als sie auch dort von der Polizei daran gehindert werden, verwüsten sie das Café Franzensbrücke.

Vier junge Männer werden festgenommen, weil sie geplant hatten, das voll besetzte Schwedenkino in Brand zu stecken.

Tags darauf gibt die „Reichspost", das Blatt der großen Regierungspartei, dem roten Wiener Bürgermeister Karl Seitz die Schuld an den Ausschreitungen, weil er die Premiere nicht untersagt hat.

Titel des Aufmachers: „*Das Zögern mit dem Filmverbot und die Folgen*". Bürgermeister Seitz habe „*Trutzvorführungen eines ausländischen, im Deutschen Reiche verbotenen, von der österreichischen Regierung eindringlichst zur Abweisung empfohlenen Films*" zugelassen; da sei „*der Gegendruck der Straße*" nur eine allzu verständliche Folge.

Innenminister Franz Winkler, ein Landbündler, der drei Jahre später mit den Nazis konspirieren wird, hat die Botschaft des Koalitionspartners verstanden: Schon nach der ersten Aufführung wird „Im Westen nichts Neues" in ganz Österreich verboten.

Da Kinos ja nicht in seine Kompetenz, sondern in jene der Landeshauptleute fallen, muss der Innenminister sicherheitspolitisch argumentieren: „*Durch die schweren Ausschreitungen, die zu Verletzungen von Personen und größeren Sachschäden führten, sind nunmehr Umstände eingetreten, die vorbeugende Maßnahmen erforderlich machen.*" Deshalb das Verbot.

Wie bei Arthur Schnitzlers „Reigen" zehn Jahre zuvor hat sich damit die Rechte durchgesetzt: Nicht die Gewalttäter werden verfolgt, sondern der Autor und sein Werk.

Das Wochenblatt „Freiheit!", Organ der paramilitärischen Heimwehren, widmet dem Filmverbot den Aufmacher „*Ein großer geistiger und politischer Sieg!*" Untertitel: „*Ein Erfolg der Heimwehr*". Auch sie will ein wenig mitnaschen am Triumph über „*dieses pazifistische Machwerk*", schließlich ist sie jetzt auch Regierungspartei. Die Christlichsozialen haben die Heimwehr-Partei „Heimatblock“ 1930 in die Regierung geholt und mit vier Ministerien ausgestattet, darunter das Innenministerium, obwohl der „Heimatblock“ bei den Nationalratswahlen bloß sechs Prozent erreicht hatte.

Schon am Tag nach dem Aufführungsverbot der „Im Westen nichts Neues“-Verfilmung kommt es im Parlament zu einer heftigen Debatte darüber. Der Wiener Bürgermeister Karl Seitz, er verfügt auch über ein Nationalratsmandat, ist Hauptredner der Sozialdemokraten: *„Der Minister des Inneren sagt, er habe wiederholt Beweise erbracht, daß er vor Rechtsradikalen nicht zurückschreckt, aber er kann nicht bestreiten, daß er und die Polizei vor diesen Demonstranten kapituliert haben ... Es entsteht ungeheurer Schaden, wenn die Auffassung Platz greift, dass Demonstranten nur ein paar Fenster einzuschlagen brauchen, und die Polizei sofort einschwenkt und ihren Wünschen entspricht.“*

Für die Regierung tritt der Salzburger Heimwehrführer Franz Hueber, ein Abgeordneter aus dem Pinzgau und Schwager von Adolf Hitlers wichtigstem Gefolgsmann Hermann Göring, ans Rednerpult. Er gebe gar nicht erst vor, ein Pazifist zu sein, sagt Hueber; die auf der Tagesordnung stehende Frage müsse *„nach dem Gesichtspunkt der deutschen Ehre und der deutschen Würde entschieden werden, selbst wenn Paragraphen angewendet werden, über die Juristen verschiedene Auslegungen haben können.“*

Sinngemäß heißt das: Das Recht hat der Politik zu folgen.

Die christlich-soziale „Reichspost“, kaum zwei Jahre zuvor hat sie Remarques Buch gelobt, demonstriert jetzt volles Verständnis für das Aufführungsverbot: *„Das Schimpfliche und Entartete an diesem Film ist, daß schaudervolle Kriegserlebnisse zu einem Geschäft gemacht werden. ‚Im Westen nichts Neues‘ ist eine Sache gegen den guten Geschmack, gegen die Feinheit des Empfindens.“*

Es dauert also nur zwei Jahre, vom Januar 1929 bis zum Januar 1931, bis das Hosianna für Erich Maria Remarque und sein Werk in ein Crucifige umschlägt. Letzterem entzieht sich der Autor durch Flucht in die Schweiz. Noch im selben Jahr wird „All Quiet on the Western Front“ in den USA mit zwei Oscars ausgezeichnet.

Am 10. Mai 1933 wird Erich Maria Remarques Roman, der ihm beinahe den Nobelpreis eingebracht hat, bei den Bücherverbrennungen der nun herrschenden Nationalsozialisten in allen Universitätsstädten Deutschlands den Flammen übergeben. Der Spruch, der den Wurf seiner Bücher ins Feuer begleitet, lautet: *„Gegen literarischen Verrat am Soldaten des Weltkrieges, für Erziehung des Volkes im Geist der Wehrhaftigkeit!"*

Erich Maria Remarque selbst wird ausgebürgert. Seine jüngere Schwester Elfriede Scholz wird 1943 wegen „Wehrkraftzersetzung" zum Tode verurteilt, sie stirbt unter dem Fallbeil. Elfriede Scholz hatte am Sieg Nazi-Deutschlands gezweifelt und war denunziert worden. *„Ihr Bruder ist uns leider entwischt, Sie aber werden uns nicht entwischen"*, sagt „Blutrichter" Roland Freisler bei der Urteilsverkündung.

Kapitel 6

„ZERSETZUNG DER SITTLICHEN KRÄFTE"

In Deutschland kommen die Nationalsozialisten an die Macht und beginnen ihre Herrschaft mit einer Bücherverbrennung. Auch alle wichtigen Autoren Österreichs sind davon betroffen.

Joseph Goebbels ist mit sich zufrieden. Am Abend des 10. Mai 1933 schreibt er in sein Tagebuch: *„Heute abends Rede Opernplatz. Vor dem Scheiterhaufen der von Studenten entbrannten Schmutz- und Schundbücher. Ich bin in bester Form."*

Der 36-jährige Joseph Goebbels hat guten Grund, sich obenauf zu fühlen. Vor zwei Monaten hat ihn sein Chef, der nunmehrige Reichskanzler Adolf Hitler, zum Reichsminister für Volksaufklärung und Propaganda ernannt – ein Amt, das ihm geradezu auf den Leib geschneidert ist.

Das hat er schon als NSDAP-Gauleiter von Berlin beim Kampf gegen diesen Pazifisten Remarque bewiesen, als er die Demonstranten beim Sturm auf das Premierenkino kommandierte, in dem die Verfilmung von „Im Westen nichts Neues" anlief. Remarques Buch hat man heute bei den Bücherverbrennungen natürlich auch ins Feuer geworfen. Und er, Goebbels, hat eine großartige Rede gehalten, davon ist er überzeugt: *„Das Zeitalter des überspitzten jüdischen Intellektualismus hat sein Ende gefunden. Die Zeit ist vorbei, daß sich die Bibliotheken anfüllten mit dem Unrat und dem Schmutz der jüdischen Asphaltliteratur, daß die Wissenschaft sich hinter Paragraphen verschanzte und vom Leben isoliert war. Die deutsche Revolution hat dem deutschen Wesen wieder die Gasse freigemacht. Diese Revolution kam nicht von oben, sie ist von unten hervorgekrochen. Sie ist im besten Sinn des Wortes der Vollzug des Volkswillens."*

Bücherverbrennung in Berlin im Mai 1933: Organisiert wurde sie von Studenten und Professoren.

Damit hat Goebbels nicht ganz unrecht: Diese Scheiterhaufen waren nicht seine Idee, auch nicht wirklich die seiner Partei, also der NSDAP, sondern eine Initiative der Jungen, der Studenten, der Burschenschaften, der Hitlerjugend.

Sie haben diese Aktion minutiös vorbereitet und mit großem Pomp und militärischer Präzision durchgeführt. Begonnen hatte es im Sommer 1931, als der „Nationalsozialistische Deutsche Studentenbund" bei den Hochschulwahlen 44 Prozent einfuhr und erstmals stärkste Fraktion im Studentenparlament wurde. Seither stellen die NS-Studenten den Vorsitzenden der „Deutschen Studentenschaft", die etwa der Österreichischen Hochschülerschaft (ÖH) entspricht.

Auch an der Wiener Universität hat in diesem Jahr 1931 die Rechte die Studentenschaft fest im Griff. Der Kärntner Student Josef Klaus (1910–2001), Mitglied der CV-Verbindung Rudolfina, ist einer der drei Sprecher der „Deutschen Studentenschaft" – so nannte sich diese Körperschaft damals auch in Österreich –, die den neuen Dekan der Medizinischen Fakultät der Universität Wien, Ernst Peter Pick (1872–1960), in einem offenen Brief zum Rücktritt auffordern: *„Die Deutsche Studentenschaft nimmt mit Entrüstung zur Kenntnis, daß Sie wider Erwarten Ihre Wahl zum Dekan angenommen haben. Nach wie vor steht die Deutsche Studentenschaft auf ihrem 1923 kundgetanen Standpunkt, daß Professoren jüdischer Volkszugehörigkeit akademische Würdestellen nicht bekleiden dürfen."*

Klaus wird 1949 Landeshauptmann von Salzburg, 1961 Finanzminister und von 1964 bis 1970 österreichischer Bundeskanzler (ÖVP). Ernst Peter Pick wird nach seiner Emigration in die USA ein bedeutender Pharmakologe am Mount Sinai Hospital in New York.

Zurück nach Berlin. Anfang April 1933, Adolf Hitler ist seit zwei Monaten Reichskanzler, ruft die schon seit zwei Jahren nationalsozialistisch dominierte „Deutsche Studentenschaft" zu einer vierwöchigen *„Aktion wider den undeutschen Geist"* auf, gegen *„den jüdischen Zersetzungsgeist"*. An allen deutschen Universitäten werden nun „Kampfausschüsse" gebildet: Neben Propaganda sollen sie auch Mobbing gegen jüdische Professoren betreiben. Die Erfolge sind umgehend nach Berlin zu melden. Einer der wichtigsten Funktionäre in dieser Aktion ist der „Kampfausschuss"-Vorsitzende der Universität Kiel, Paul Schmidt (1911–1997), der unter dem Namen Paul Carell nach 1945 eine bemerkenswerte Karriere machen wird. Davon später.

Der rührige Schmidt, er ist gerade 22, wird wegen seines in Kiel bewiesenen Eifers zum Reichsleiter aller „Kampfausschüsse" ernannt. Er ist ein Meister der politischen Kampagne. In seinem neuen Amt verfasst er sofort „12 Thesen wider den undeutschen Geist", die in Frakturschrift auf ein Plakat gedruckt am 12. April – also knapp einen Monat vor der Bücherverbrennung – an allen Universitäten angeschlagen werden.

Auszüge daraus: *„Der Jude kann nur jüdisch denken. Schreibt er deutsch, dann lügt er. Der Deutsche, der deutsch schreibt, aber undeutsch denkt, ist ein Verräter ... Wir wollen den Juden als Fremdling achten und wir wollen das Volkstum ernst nehmen. Wir fordern daher von der Zensur: Jüdische Werke erscheinen in hebräischer Sprache ...*

Wir fordern vom deutschen Studenten den Willen und die Fähigkeit zur Überwindung des jüdischen Intellektualismus."

Eine Woche später, am 19. April, ruft Schmidt die „Kampfausschüsse" an den verschiedenen Hochschulen dazu auf, Professoren und Dozenten zu nennen, *„die nationale Führer, die Bewegung der nationalen Erhebung oder das Frontsoldatentum beschimpft haben".* Vorlesungsmitschriften sind der Meldung beizulegen. Auch Professoren, *„deren wissenschaftliche Methode ihrer liberalen oder pazifistischen Einstellung entspricht"*, müssen gemeldet werden.

In den Höfen der Universitäten werden zwei Meter hohe „Schandpfähle" aufgestellt, an denen die Namen missliebiger Hochschullehrer oder abzulehnender Autoren angeschlagen werden.

Abermals eine Woche später, am 26. April 1933, beginnt der letzte Teil der Vorbereitungen für den Höhepunkt der Aktionswochen *„wider den undeutschen Geist"*, also für die Bücherverbrennung. Die Studenten werden angehalten, die eigene Bücherwand zu Hause, vor allem aber die Universitäts- und Institutsbibliotheken nach Büchern zu durchforsten, die auf einer beigestellten „Schwarzen Liste" angeführt sind. Die städtischen Leihbüchereien und der Buchhandel müssen selbst aussortieren. Die Bücher sind den einsammelnden NS-Studenten zu übergeben – entschädigungslos.

Auf der Liste der ab sofort Geächteten scheinen die Namen von 131 Autoren auf. Darunter ist fast alles, was in der deutschsprachigen Literatur und Wissenschaft Rang und Namen hat: Walter Benjamin, Ernst Bloch, Bertolt Brecht, Alfred Döblin, Albert Einstein, Lion Feuchtwanger, Heinrich Heine, Heinrich Mann, Kurt Tucholsky, Erich Maria Remarque, Joachim Ringelnatz. Die Österreicher Robert Musil, Alfred Polgar, Joseph Roth, Sigmund Freud, Felix Salten, Arthur Schnitzler, Karl Kraus, Berta von Suttner, Jakob Wassermann, Franz Werfel, Stefan Zweig und die in Wien geborene, aber bereits in den USA lebende Erfolgsautorin Vicki Baum stehen ebenfalls auf der Liste der Geächteten.

Auch Romane anderssprachiger Schriftsteller werden ausgesondert, etwa jene von André Gide, Ernest Hemingway, Upton Sinclair und Jack London. Dazu kommen marxistische Autoren wie Karl Marx selbst, Friedrich Engels, Karl Kautsky, Georg Lukács, Karl Liebknecht, Rosa Luxemburg, Lenin und Trotzki.

Als die „Schwarzen Listen" der deutschen Nationalsozialisten bekannt werden, gibt der „Schutzverband österreichischer Autoren", eine Art „Schriftsteller-Gewerkschaft", nach einer Krisensitzung in Wien ein Telegramm an die österreichische Gesandtschaft in Berlin auf: *„Erbitten dringend Schutz und Hilfsmaßnahmen gegen Bücherverbrennung österreichischer Autoren."* Die Gesandtschaft beantwortet die Depesche nicht einmal.

Die christlich-soziale „Reichspost" hat von der Intervention bei der Berliner Gesandtschaft Wind bekommen. Sie rügt die protestierenden Autoren und befürwortet die Pläne der braunen Bücherverbrenner: *„Es ist etwas viel, was da von dem österreichischen Gesandten in Berlin verlangt wird. Daß die nationale Bewegung in Deutschland das Volk von dem namenlosen Bücherschmutz und dem Gift befreien will, das seit dem Umsturz sich als Literatur auftun durfte, entspricht gesunden Instinkten. Daß ein Remarque darunter ist, der mit seinem Schandbuch ‚Im Westen nichts Neues' den größten Bucherfolg des letzten Vierteljahrhunderts errang, beweist nichts dagegen, sondern höchstens dafür."* Remarques Erfolg zeige schließlich eindringlich *„die um sich greifende Zersetzung der sittlichen Kräfte der Nation"*.

Am 6. Mai, vier Tage vor der geplanten Verbrennung, werden die aussortierten Bücher zusammengetragen und zu den vorgesehenen Sammelplätzen gekarrt. Das „Institut für Sexualwissenschaft" von Professor Magnus Hirschfeld, die einzige und daher besonders wichtige Beratungsstelle in Berlin, wird an diesem Tag von NS-Studenten gestürmt und geplündert. Allein hier werden 10.000 Bücher konfisziert.

Am 10. Mai, nicht zufällig genau 100 Tage nach der Ernennung Adolf Hitlers zum Reichskanzler, folgt nun der Höhepunkt der perfekt organisierten *„Aktionswochen wider den undeutschen Geist"*: In 19 deutschen Universitätsstädten soll die verfemte Literatur nach Einbruch der Nacht gleichzeitig verbrannt werden.

Der Ablauf wird von Paul Schmidts Zentralstelle vorgeschrieben: ab 20.30 Uhr Kundgebungen in den Universitäten. Nach Einbruch der Dunkelheit Fackelzüge, in deren Schein die Bücher zu den Verbrennungsstellen geführt werden. SS-Kapellen spielen Marschmusik. 23 Uhr: Beginn des Verbrennungsakts.

In Berlin marschieren NS-Studenten, Korporierte in vollem Wichs, Professoren in Talaren, Hitlerjugend und Verbände von SA und SS vom Reichstag durchs Brandenburger Tor über den Boulevard „Unter den Linden" zum Verbrennungsort, dem Opernplatz neben dem Universitätsgebäude (heute heißt er Bebelplatz, benannt nach dem SPD-Mitbegründer August Bebel).

Jene Studenten, die einige Tage zuvor das „Institut für Sexualwissenschaften" geplündert haben, tragen auf einer Stange eine Büste von Magnus Hirschfelds Kopf. Hirschfeld selbst ist schon nach Paris geflohen, er sieht die Szene in der Kino-Wochenschau.

Nach der Goebbels-Rede werden von „Rufern" 24 ausgewählte Autoren namentlich genannt, bevor ihre Bücher ins Feuer geworfen werden: *„1. Rufer: Gegen Klassenkampf und Materialismus, für Volksgemeinschaft und idealistische Lebenshaltung! Ich übergebe der Flamme die Schriften von Marx und Kautsky. 2. Rufer: Gegen Dekadenz und moralischen Zerfall! Für Zucht und Sitte in Familie und Staat! Ich übergebe der Flamme die Schriften von Heinrich Mann und Erich Kästner. ... 4. Rufer: Gegen seelenzerfasernde Überschätzung des Trieblebens, für den Adel der menschlichen Seele! Ich übergebe der Flamme die Schriften von Sigmund Freud."* Und so weiter.

Der Einzige der namentlich Erwähnten, der an diesem Abend in Berlin Augenzeuge des Autodafés wird, ist Erich Kästner – alle anderen sind entweder längst tot, wie Karl Marx, oder sie sind geflüchtet. Kästner schreibt später: *„Ich stand vor der Universität, eingekeilt zwischen Studenten in SA-Uniform, den Blüten unserer Nation, sah unsere Bücher in die zuckenden Flammen fliegen und hörte die schmalzigen Tiraden des kleinen abgefeimten Lügners. Plötzlich rief eine schrille Frauenstimme: ‚Dort steht ja der Kästner.' Mir wurde unbehaglich zumute, doch es geschah nichts. Die Bücher flogen weiter ins Feuer. Und die Gesichter der braunen Studentengarde blickten, die Sturmriemen unterm Kinn, unverändert geradezu, hinüber zu dem Flammenstoß."*

Insgesamt 25.000 Bücher werden in Berlin zusammengetragen, die nun bündelweise ins Feuer geschleudert werden. Wegen des starken Regens muss die Feuerwehr immer wieder mit Benzin aushelfen. In anderen Universitätsstädten wird die Feuerzeremonie nicht weniger spektakulär inszeniert. In Frankfurt werden die Bücher haufenweise wie Stallmist mit Ochsenkarren vor das Rathaus gefahren, in jedem Haufen steckt eine Mistgabel. Auch viele Lehrer und Professoren in Talaren sind hier unter den 15.000 begeisterten Zuschauern. Diese Feuernächte werden ja nicht vom Mob veranstaltet, sie sind ein Ausbruch der Gebildeten: Studenten haben sie organisiert, Germanisten und Philosophen, Rektoren und Dekane und Professoren halten im Feuerschein Hetzreden.

In Freiburg muss die Bücherverbrennung wegen des Starkregens um eine Woche verschoben werden. Die besonders schwülstige „Feuerrede" hält der neue Rektor der Freiburger Universität, der Philosoph Martin Heidegger (1889–1976): *„Flamme künde uns, zeige uns den Weg, von dem es kein Zurück mehr gibt. Flamme zündet! Herzen brennt!"*

Heideggers Auftritt birgt eine besondere Pikanterie: Der Professor, ein verheirateter Mann, hatte ein geheimes Verhältnis mit seiner Studentin Hannah Arendt (1906–1975), einer Jüdin, die wenige Wochen nach der Bücherverbrennung unter dem Druck der Gestapo nach Frankreich flüchten muss. Hannah Arendt wird später in den USA eine gefeierte Autorin und Publizistin. Heidegger bleibt bis Kriegsende NSDAP-Mitglied und wird danach mit fünf Jahren Lehrverbot belegt. Seine ehemalige Geliebte vergibt ihm: Hannah Arendt unterstützt die Herausgabe von Heideggers Spätwerk in den USA.

Die düstere Zeremonie der Bücherverbrennung ist im Mai 1933 für die erst kurz zuvor an die Macht gelangten Nationalsozialisten von mehrfacher Symbolkraft. Einige der Redner vergleichen sie mit dem Wartburgfest von 1817, inszeniert von frühen Burschenschaftern nach der Niederringung Napoleons. Sie traten dabei gegen die despotischen Kleinstaat-Fürsten und für einen Nationalstaat mit Verfassung ein, also für ein geeintes Deutschland – damals eine ungeheuer revolutionäre Forderung. Allerdings verbrannten die Burschen dabei neben dem Code Napoléon auch Bücher von Juden, untermalt mit antisemitischen Verwünschungen.

Wichtig ist den Nationalsozialisten das Feuersymbol. Es soll die Machtübernahme als quasirevolutionären Akt darstellen, wo doch Hitler nur aufgrund völlig normaler Wahlergebnisse – zuletzt 33 Prozent – und wegen der Leichtfertigkeit der bürgerlichen Parteien deutscher Reichskanzler geworden war, die meinten, diesen österreichischen Komiker werde man bald loswerden. Die Feuernächte sind auch eine Gelegenheit, sich als Bewegung der Jungen darzustellen, immerhin haben ja Studenten und Hitlerjugend die *„Aktion wider den undeutschen Geist"* organisiert.

Die Flammen verbrennen Bücher, aber auch den Geist der verhassten Weimarer Republik, der ersten Demokratie auf deutschem Boden. Jetzt beginnt eine neue Zeitrechnung und sie soll 1.000 Jahre dauern.

Sie beginnt mit einem Feuer und sie wird in Feuern enden.

Für den Studenten Paul Schmidt, der – obwohl erst 22 – die Feuernächte maßgeblich organisiert hat, zahlt sich das Engagement aus. Er beendet, natürlich erfolgreich, sein Germanistikstudium, tritt der SS bei und wird Mitarbeiter von Außenminister Joachim von Ribbentrop (1893–1946). Ab 1940 ist er dessen Pressesprecher im Rang eines SS-Obersturmbannführers. 1944 berät Paul Schmidt die Regierung in der kniffligen Frage, wie sich die Deportation von einer Viertelmillion ungarischer Juden in verschiedene Konzentrationslager ohne großen Wirbel in der Bevölkerung bewerkstelligen ließe. Seine Expertise: *„Ich möchte anregen, daß man äußere Anlässe und Begründungen für die Aktion schafft, z. B. Sprengstoffunde in jüdischen Vereinshäusern und Synagogen, Sabotage, Umsturzpläne, Überfälle auf Polizisten, Devisenverschiebungen großen Stils. Der Schlußstein müsste ein besonders krasser Fall sein, an dem man dann die Großrazzia aufhängt."*

1945 verhaftet, stellt sich Schmidt als Belastungszeuge gegen andere Nazigrößen zur Verfügung und kommt schon 1947 frei. Sein ehemaliger Chef Ribbentrop wurde im Jahr zuvor beim Nürnberger Prozess zum Tode verurteilt und hingerichtet.

Paul Schmidt nennt sich jetzt Paul Carell und schreibt in den großen Publikumsillustrierten der 1950er-Jahre verklärende Storys über den Weltkrieg. Sie kommen gut an und Carell wird unter verschiedenen Pseudonymen freier Mitarbeiter von „Der Spiegel", „Die Zeit" und „Welt". Mit Buchbestsellern wie „Unternehmen Barbarossa" und „Verbrannte Erde" prägt er das in Deutschland und Österreich lange Zeit herrschende Bild vom „sauberen Krieg" der deutschen Wehrmacht. Juden kommen in seinen Büchern nicht vor, der Angriff auf die Sowjetunion wird als Präventivschlag dargestellt. Bei seinen Recherchen arbeitet er eng mit ehemaligen Generälen und SS-Führern zusammen. Der Bundesnachrichtendienst (BND) der deutschen Bundesrepublik führt ihn in diesen Jahren als Informanten und als politischen Ratgeber.

Bücherverbrennung-Organisator Paul Carell (Foto aus 1981): Nach dem Krieg war er Axel Springers wichtigster Berater.

1958 wird Carell engster Mitarbeiter des deutschen Zeitungszaren Axel Springer (1912–1985). Er dient dem Konzernchef bis zu dessen Tod. Bis 1991 schreibt der damals 80-jährige Paul Carell in der „Bild“-Zeitung, zuletzt eine Serie über den Golfkrieg. Er stirbt 1997. Erst 2009 untersagt eine Heereskommission die Verwendung von Carells Büchern als Schulungsmaterial der deutschen Bundeswehr.

Im Internet wird Carells Buch „Verbrannte Erde. Schlacht zwischen Wolga und Weichsel“ noch heute angeboten. Das Exemplar kostet fünf Euro und trägt nach Angabe von Amazon *„leichte Gebrauchsspuren“*.

Kapitel 7

„ENTGIFTUNG VON DEN BAZILLENTRÄGERN"

In Österreich applaudieren die Regierungsparteien und die katholische Kirche den deutschen Bücherverbrennern. Sie wollen die Nationalsozialisten *„überhitlern"*.

Wien ist im Mai 1933, in dem in Deutschland die Scheiterhaufen brennen, noch nicht zur Ruhe gekommen. Im März hat der neue Bundeskanzler Engelbert Dollfuß eine Geschäftsordnungspanne im Nationalrat genützt, um das ihm verhasste Parlament am weiteren Zusammentreten zu hindern. Seine Regierung hat das schon zur Jahresmitte 1932 erwogen, als Justizminister Kurt Schuschnigg im Ministerrat heftig drängte, den Nationalrat aufzulösen.

Aber erst jetzt, am 4. März 1933, ist die Gelegenheit nach einer Panne bei einer Abstimmung und dem tollpatschigen Rücktritt der drei Nationalratspräsidenten günstig. Engelbert Dollfuß nützt sie. Polizei und Bundesheer verwehren ab dem 10. März 1933 den Abgeordneten den Zugang zum Parlamentsgebäude.

Der Bundeskanzler hat mächtige Verbündete.

Kardinal Theodor Innitzer erteilt der putschartigen Zerschlagung der parlamentarischen Demokratie bei einer Massenveranstaltung katholischer Männer schon wenige Tage später seinen Segen: *„Hinter eine solche Regierung müssen wir uns geschlossen stellen."*

Auch der „Bund der Industriellen Österreichs" ist zufrieden. Industriellen-Präsident Ludwig Urban, Chef des Brevillier & Urban-Konzerns, erklärt: *„Dr. Dollfuß geht jenen Weg, den die Industrie so viele Jahre angestrebt hat und niemals zu einem Resultat gekommen ist, weil ein falscher Parlamentarismus jeden gesunden Gedanken aus demagogischen Gründen zunichte gemacht hat."*

Bundeskanzler Dollfuß bei seiner Rede am Trabrennplatz 1933: Absage an Parlamentarismus und Demokratie

Der traditionelle Aufmarsch der Sozialdemokraten am 1. Mai wird untersagt, schwer bewaffnete Einheiten der Polizei und des Bundesheers riegeln die Wiener Innenstadt mit Stacheldrahtverhauen ab. Die christlich-soziale „Reichspost" begrüßt das Verbot des Mai-Aufmarschs: „*Ein ganz besonders ärgerlicher Revolutionsschutthaufen wurde endlich entfernt, ein Festtag, an dem die Mehrheit der Bevölkerung die rote Faust an der Gurgel spürte. Daß er beseitigt wurde und zwar ein für allemal, für immer und endgültig, das ist die große Tat der Regierung Dollfuß.*"

Der Bundeskanzler regiert jetzt mit Notverordnungen, die auf einem nie abgeschafften kriegswirtschaftlichen Ermächtigungsgesetz aus dem Jahr 1917 basieren. Eine der ersten Verordnungen des Kanzlers betrifft die Wiedereinführung der Zensur. Alle Druckwerke – Zeitungen, Zeitschriften, aber auch Bücher – müssen ab sofort zwei Stunden vor der Verbreitung der Behörde vorgelegt werden.

Die österreichische Bischofskonferenz segnet auch diese Maßnahme ab: „*Der österreichische Episkopat anerkennt daher nicht nur die vollkommen legale Stellung und Tätigkeit der gegenwärtigen Regierung, sondern kann ihre ganz in christlichem Geiste gehaltene Reformarbeit nur von Herzen begrüßen und fördern.*"

Das ist also die Situation in Österreich an jenem 10. Mai 1933, an dem in 19 Städten Deutschlands Bücher zu Scheiterhaufen aufgetürmt werden. Am selben Tag verbietet die Regierung Dollfuß per Dekret Wahlen in Bund, Ländern und Gemeinden.

Die Bücherverbrennungen werden in den darauffolgenden Tagen in Österreich je nach weltanschaulichem Standort höchst unterschiedlich kommentiert. Einige unabhängige Zeitungen und die linke Presse finden deutliche Worte zu den Vorgängen im Nachbarland.

„*Die Vernichtung des Geistes*" titelt „Der Tag", „*die Nacht der tiefsten Schmach Deutschlands*" steht im Aufmacher von „Der Abend". Die „Kronen Zeitung" bleibt eher unbewegt: „*Die Bücherverbrennung in Deutschland*". Die sozialdemokratische „Arbeiter Zeitung" trägt die Schlagzeile „*Die deutsche Literatur auf dem Scheiterhaufen*". Sie veröffentlicht einen Text des viel gelesenen bayerischen Autors Oskar Maria Graf, der später in die Literaturgeschichte eingehen wird. Graf, er ist aus Deutschland geflüchtet und lebt vorübergehend in Wien, stand nicht auf der Liste jener Autoren, deren Bücher ins Feuer geworfen wurden. Er leidet darunter und fordert in der „Arbeiter Zeitung" unter dem Titel „*Verbrennt mich!*": „*Diese Unehre habe ich nicht verdient! Nach meinem ganzen Leben und meinem ganzen Schreiben habe ich das Recht zu verlangen, daß meine Bücher der reinen Flamme des Scheiterhaufens überantwortet werden und nicht in die blutigen Hände und die verdorbenen Hirne der braunen Mordbanden gelangen!*" Der Text wird vielfach nachgedruckt und erscheint sogar in französischen und britischen Zeitungen. Bertolt Brecht widmet ihm im dänischen Exil eine Ballade.

Aber das sind nicht die Stimmen der Mächtigen in Österreich, also der katholischen Kirche und der Regierungsparteien. Die in Wien unter der Patronanz von Kardinal Theodor Innitzer erscheinende katholische Wochenschrift „Schönere Zukunft" applaudiert den nationalsozialistischen Bücherverbrennern sogar, weil sie Werke jüdischer

Autoren vernichtet haben: *„Sieht man sich die Liste der Bücher an, die auf dem Scheiterhaufen aufgeschichtet wurden, dann weiß man, daß mit Ausnahme von zwei bis drei Autoren kein wirklich wertvolles deutsches Literaturwerk vernichtet worden ist. Wir lesen in dieser Liste sattsam bekannte Namen wie Stefan Zweig und andere gleichwertige. Nicht zufällig sind es in der Mehrheit Juden.“*

Bereits aus Deutschland geflüchteten Autoren wie Thomas und Heinrich Mann, Lion Feuchtwanger, Bertolt Brecht und Erich Maria Remarque spuckt das in Wien erscheinende Kirchenblatt hinterher: *„Volksfremde Artisten, Anhänger eines verstaubten Kulturliberalismus, artfremde Wortjongleure, internationale Federhelden der Erotik, die atheistische Humanität eines franzosendienenden Pazifismus: Sie haben ausgedient!“*

Der Linzer Diözesanbischof Johannes Maria Gföllner hatte in einem Hirtenbrief im Januar 1933, unmittelbar vor Hitlers Machtübernahme in Deutschland, Aktionen gegen jüdische Kulturschaffende präventiv begrüßt: *„Viele gottentfremdete Juden üben einen überaus schädlichen Einfluß auf fast allen Gebieten des Kulturlebens aus. Presse, Inserate, Theater und Kinos sind erfüllt von frivolen und zynischen Tendenzen, die die christliche Volksseele bis ins Innere vergiften und die vorwiegend vom Judentum genährt und verbreitet werden.“*

Die Zeitung der großen Regierungspartei, also die christlich-soziale „Reichspost“, begegnet den Bücherverbrennungen in Deutschland denn auch mit Sympathie: *„Der Aufstieg eines jeden Volkes, auch des deutschen, kann nur erfolgen, wenn der Volksorganismus eine weitgehende Entgiftung von den Bazillenträgern einer Pseudokunst erfährt, die die höchsten volkshaften Güter und Werke in bewußter und verderberischer Absicht fälscht. Die Führung bei diesem Kulturverderb wie bei so vielen anderen Kulturdemolierungen liegt in den Händen fremdrassiger Elemente.“*

Dieser Text könnte völlig unverändert auch in jeder Zeitung Nazi-Deutschlands erscheinen und dennoch repräsentiert er ohne Zweifel die Haltung der großen österreichischen Regierungspartei, der Christlichsozialen. Chefredakteur Friedrich Funder (1872–1959) leitet das Parteiorgan seit 1902 und führt es auf strikt konservativem, antisemitischem Kurs. Der erfahrene Zeitungsmann war immer ein wichtiger Berater der von seiner Partei seit 1920 gestellten Bundeskanzler. Jetzt ist er der engste Vertraute von Kanzler Engelbert Dollfuß. Dollfuß ist wie Funder ein katholischer Antisemit. Als Delegierter der CV-Verbindung Franco-Bavaria hatte er 1920 bei der Generalversammlung des Gesamt-CV den Antrag gestellt, CV-Mitglieder müssten *„deutsch-arischer Abstammung sein, nachweisbar bis auf die Großeltern"*. Der Antrag wurde damals abgelehnt.

„Reichspost"-Chefredakteur Friedrich Funder: Antisemitismus als Blattlinie

Jetzt, 1933, gerät seine Regierung im Inneren wie auch vonseiten Hitler-Deutschlands immer mehr unter Druck. Nationalsozialisten, sie lagen bei den vier österreichischen Landtagswahlen des Jahres 1932 bei durchschnittlich 15 Prozent, verüben nun immer öfter Anschläge auf Stromleitungen und Straßenbahnen in Wien. Auch ein Eisenbahnanschlag in Mürzzuschlag geht auf ihr Konto. Im Salzburger Festspielhaus wird ein Sprengsatz gezündet, es gibt einen Toten und zahlreiche Verletzte. Ein Attentat auf das Salzburger Schloss Leopoldskron, in dem der Regisseur Max Reinhardt wohnt, missglückt durch einen Zufall.

Im Juni 1933 wird die NSDAP in Österreich verboten.

Der Bundeskanzler und seine Partei entwerfen nun den Plan, Inhalte der Hitler-Bewegung, die durchaus auch zum eigenen Denken passen, einfach zu übernehmen, um diese so zu unterlaufen: *„Die braune Welle können wir nur auffangen, wenn wir das, was die Nazis in Deutschland versprechen und auch schon getan haben, was ohnehin gemildert wird bei uns, selber machen“*, begründet Dollfuß, der Parteivorsitzende und Kanzler, intern den Kurs. Man müsse die Nazis *„überhitlern“*, bringt Sozialminister Odo Neustädter-Stürmer, ein Heimwehrführer, die Sache auf den Punkt. Das heißt: die Nationalsozialisten bei jenen Themen imitieren, bei denen man ohnehin übereinstimmt, und gleichzeitig einen „österreichischen Nationalismus“ entwickeln.

Das Verständnis von Staat und Kirche für die Bücherverbrennungen im benachbarten Deutschland passt also durchaus ins Bild – im Kulturverständnis unterscheiden sich die beiden Regime kaum. Man beharrt auf Österreichs Eigenstaatlichkeit, will aber deutscher als die Deutschen sein, „die besseren Deutschen“. Brennende Bücher jüdischer Autoren sind dabei kein Problem.

Bundeskanzler Dollfuß beschreibt in seiner denkwürdigen Rede beim Katholikentag am 11. September 1933 am Wiener Trabrennplatz diesen politischen Drahtseilakt so: *„Wir wollen den sozialen, christlichen, deutschen Staat Österreich. Ja, wir sind so deutsch, so selbstverständlich deutsch, dass es uns überflüssig vorkommt, dies eigens zu betonen. Wir haben deutsche Kultur in diesem christlichen Teil Mittel-*

europas zu erhalten und in österreichischer Form für die christlich-deutsche Kultur zu gestalten. Wir überlassen das Urteil, wer schließlich dem Deutschtum besser gedient haben wird, nachkommenden Generationen.“

Den Ursprung allen Übels sieht der Bundeskanzler in der Französischen Revolution, diese habe die harmonische Ordnung aus dem Gleichgewicht gebracht.

In der Loge der Ehrengäste sitzen die Spitzen der katholischen Kirche neben österreichischem und ungarischem Adel, Ministern, Heimwehrführern und Sektionschefs. Präsident des Katholikentags ist kein Geistlicher, sondern der Architekt Clemens Holzmeister (1886–1983), der nun bis 1938 alljährlich eine Kirche in Österreich bauen wird. Teile von Dollfuß' Trabrennplatz-Rede könnte ein Politiker mit geringen Abstrichen in diesem September 1933 auch in Nazi-Deutschland halten, etwa dies hier: *„Die Zeit liberaler Gesellschafts- und Wirtschaftsordnung – sie ist vorüber. Die Zeit marxistischer Volksführung und Volksverführung ist vorüber. Die Zeit der Parteienherrschaft ist vorüber.“*

Keine Parteien, kein Parlament, keine Demokratie – hier decken sich die beiden Faschismen, auch wenn sie in ihrer endgültigen Ausformung nicht vergleichbar sind. Ein wichtiger Unterschied: In Deutschland legitimiert sich der Faschismus ethnisch, man idealisiert das heidnische Germanentum; in Österreich bezieht der „Austrofaschismus“ seine Legitimation aus der vom politisierenden Klerus verkündeten Variante des Christentums. *„Deutsches Volkstum aus der Kraft des Christentums“* lautet ein Motto des Katholikentags 1933.

Wie sich Dollfuß und seine Christlichsozialen das neue österreichisch/christlich/deutsche Kulturschaffen vorstellen, wird im Anschluss an die Dollfuß-Rede unmittelbar neben dem Trabrennplatz im Wiener Praterstadion gezeigt. Unter der Leitung des katholischen Publizisten Rudolf Henz (1897–1987) wird hier vor 60.000 Zusehern die erste große Inszenierung austrofaschistischer Massenästhetik vorgeführt.

Das aus allen Bundesländern ins voll besetzte Stadion gekarrte Publikum bekommt das Mysterienspiel „Sankt Michael führe uns!“ zu sehen. Zu dessen Beginn ziehen brave Bauern und christliche Arbeiter durch das große Stadiontor ein und bitten den heiligen Erzengel Michael um Rettung vor den Zerstörern der Heimat. Plötzlich stürmen rote Klassenkämpfer mit den Rufen *„Nieder mit den Bauern, nieder mit den Pfaffen, herunter mit dem Kreuz!“* ins Stadion. Fürbitten an den heiligen Michael und der Widerstand der Christen schlagen sie zurück. Die Melodie der „Internationale“ wird zunehmend von christlichen Chorälen übertönt. Jetzt marschiert Erzengel Michael mit Rüstung und Schwert persönlich durch ein Spalier jubelnder Kinder ins Stadionoval und bietet den Besiegten die Aufnahme im christlichen Ständestaat an. Sie müssten allerdings *„treu zum Erbe der Vorfahren, zur katholischen Kirche und zum Volk in Einigkeit stehen“.* Geläutert folgen die niedergerungenen Roten dem Engel. Als Höhepunkt und Abschluss des Mysterienspiels geleitet Wiens Erzbischof Theodor Innitzer 900 betende Priester und Mönche ins Stadion. Ein Massengebet und ein Segen beenden die Aufführung.

Der Namensgeber dieses Spektakels im Praterstadion, Erzengel Michael, ist laut katholischer Lehre für die Abwehr des Satans zuständig, in diesem Fall sind die Roten der Satan. Auch der Zeitpunkt des Katholikentags ist nicht zufällig gewählt: Der 11. September 1933 ist der 250. Jahrestag der Befreiung des christlichen Wiens von den belagernden Türken.

Rudolf Henz, der Regisseur des Weihespiels im Stadion, wird der maßgebliche Kulturpolitiker der austrofaschistischen Kanzlerdiktatur. Während der NS-Zeit lebt er als Schriftsteller und Glasmaler in Wien. Nach 1945 ist Rudolf Henz erster Programmdirektor des wiedererstandenen Österreichischen Rundfunks und von 1955 bis 1957 auch jener des jungen Fernsehens.

Friedrich Funder, der langjährige Chefredakteur der „Reichspost“, wird 1938 von den Nazis ins KZ verschleppt, er kommt 1939 nach einer Intervention des Vatikans frei. 1945 gründet Funder das katholische Wochenblatt „Die Furche“. Heute trägt ein der ÖVP nahestehendes Journalismus-Ausbildungsinstitut mit Sitz an der Parteiakademie in Wien-Meidling seinen Namen.

Kapitel 8

DIE VERTREIBUNG DES DOKTOR ZWEIG

Österreichs erfolgreichster Schriftsteller verlässt nach einer schikanösen Hausdurchsuchung im Februar 1934 Österreich. Man hatte ihn seit Monaten hinausgeekelt.

Am 18. Februar 1934 hämmert jemand frühmorgens an die Haustür der Salzburger Adresse Kapuzinerberg 5. Vor dem sogenannten „Paschinger Schlössl“, es gehört dem Schriftsteller Stefan Zweig und seiner Frau Friederike, stehen vier Kriminalbeamte mit einem Durchsuchungsbefehl. Sie suchen nach Waffen.

Fünf Tage zuvor hatten Bundesheer und paramilitärische Heimwehren mit Waffengewalt niedergemacht, was die Regierung Dollfuß einen Aufstand der Sozialdemokraten und ihrer Wehrorganisation, des Schutzbundes, nannte. Tatsächlich waren die Februarkämpfe ’34 der Schlussstein jenes Werks, das Bundeskanzler Engelbert Dollfuß elf Monate zuvor, im März 1933, mit der Zerschlagung des Parlamentarismus in Österreich begonnen hatte. Ohne Parlament, ohne Parteien, ohne Demokratie wolle er regieren, hatte der Kanzler im folgenden September beim Katholikentag am Trabrennplatz sein Programm beschrieben.

Jetzt setzt er es um. Die Sozialdemokratische Partei – in Wien hatte sie bei den Wahlen zwei Jahre zuvor 60 Prozent erreicht – sowie all ihre Gliederungen und Zeitungen sind ab sofort verboten. Die Parteiführung ist geflüchtet oder inhaftiert, der Parteibesitz ist samt der großen Druckerei an der Wienzeile beschlagnahmt. Die „Arbeiter Zeitung“ ist verboten, einige Redakteure sind in Haft. Neun Schutzbündler werden hingerichtet.

Stefan Zweig mit Familie in seinem Schlössl am Salzburger Kapuzinerberg: Österreichs wichtigster Autor emigrierte schon 1934.

In Stefan Zweigs Haus durchwühlen die Polizisten nun wenige Tage später Schränke und Truhen, auch der Schreibtisch Ludwig van Beethovens, Zweigs liebstes Sammlerstück, wird geleert. *„Sie öffneten einige Kästen, klopften ein paar Wände ab, aber es war mir sofort klar an der lässigen Art, wie sie es taten, daß diese Nachschau pro forma geschah und keiner von ihnen ernstlich an ein Waffendepot in diesem Haus glaubte"*, schreibt Zweig kurz vor seinem Freitod 1942 in seinen Lebenserinnerungen *„Die Welt von Gestern"*.

Diese Hausdurchsuchung ist antisemitisch motiviert, das steht für ihn fest. Sie ist eine Schikane der Staatsmacht. Wie hätten die Behörden auf die Idee kommen können, er, der Pazifist, würde ein Waffenlager des Schutzbunds verstecken? Er spielte ab und zu mit einem sozialdemokratischen Funktionär im Kaffeehaus Schach, auch mit dem Präsidenten der Salzburger Arbeiterkammer hatte er manchmal Kontakt. Zweigs Hausdiener Johann verkehrte im Wirtshaus natürlich auch mit Sozialdemokraten. Aber Stefan Zweig hatte sich nie politisch betätigt und keine Zeile zu aktuellen politischen Ereignissen veröffentlicht.

Auch ein junger Salzburger namens Herbert von Karajan (1908–1989) war in den Monaten vor der Hausdurchsuchung oft in Stefan Zweigs Schlössl am Kapuzinerberg. Der 25-jährige Dirigent ging manchmal mit einer der beiden Töchter aus Friederike Zweigs erster Ehe aus. Aber dieser Karajan ist alles andere als ein Sozialdemokat, geschweige denn ein bewaffneter Schutzbündler. Weder die Behörden noch die Familie Zweig wissen, dass Karajan schon im April 1933 der NSDAP beigetreten ist. Der hochbegabte junge Mann ist natürlich ein Antisemit und hat deshalb das Angebot, an der Wiener Volksoper zu dirigieren, abgelehnt. In einem Brief an seine Eltern schrieb Herbert von Karajan, die Volksoper sei ja nur ein *„Vorstadttheater … außerdem wird das gesamte Palästina dort gesammelt sein"*.

Herbert von Karajan: Der junge Dirigent verkehrte im Hause Zweig – von seiner NSDAP-Mitgliedschaft wusste dort niemand.

Stefan Zweig, bei dem man nun ein Waffenlager der Linken vermutet, ist ebenfalls kein Sozialdemokrat, wenngleich er wie viele seiner jüdischen Autorenkollegen mit den Roten sympathisiert haben mag. Praktisch alle anderen Parteien nennenswerter Größe waren antisemitisch. Aber einem politischen Engagement aufseiten der Linken steht schon Zweigs Herkunft im Weg. Seine Familie besaß an der Stelle des heutigen Wiener Ringturms eine große Textilfabrik. Zweig selbst wurde unweit davon, in einem Großbürgerhaus am Schottenring geboren, später übersiedelte die Familie in die nicht weniger noble Rathausstraße. Aber der junge Zweig mochte die Wiener Salonkultur nicht, sie war für ihn nicht die geeignete Arbeitsumgebung.

Dass er sich 1917 das Paschinger Schlössl, ein Salzburger Herrschaftshaus aus dem 17. Jahrhundert, leisten und danach luxuriös ausstatten konnte, war nur durch Zugriff auf sein beträchtliches Erbe möglich. Ausreichend opulent waren seine Einnahmen aus der Schriftstellerei damals noch nicht.

Aber Zweigs Überlegungen waren richtig: Im etwas verschlafenen Salzburg konnte er sich besser auf die Schreibarbeit konzentrieren. Als der Regisseur Max Reinhardt und Zweigs Autorenkollege Hugo von Hofmannsthal 1920 die Festspiele ins Leben riefen, war er todunglücklich: Die Besucher würden nur seine Ruhe im neuen Nest stören. *„Ich bin etwas in Sorge darüber, denn ich verabscheue die Masse an Snobs für mein ruhiges Leben“*, schrieb Zweig damals an einen Freund.

Aber diese neuen Festspiele beeinflussten seine Arbeit in Salzburg nicht nachhaltig: In den folgenden 13 Jahren verfasste Zweig die meisten seiner die Zeiten überdauernden Werke: die „Sternstunden der Menschheit“, die Biografien von Joseph Fouché, Marie Antoinette und Erasmus von Rotterdam und fast alle seine wunderbaren Erzählungen und Novellen. Als ein für Pazifismus und gegen den Nationalismus fechtender Intellektueller hatte er auf ausgedehnten Reisen Kontakt zu allen großen Geistern des Kontinents: Albert Einstein, Sigmund Freud, Romain Rolland, Maxim Gorki. Sein Schlössl am Beginn des Kapuzinerberg-Wegs war eines der geistigen Zentren Mitteleuropas.

Schon früh sah er aus seinem Salzburger Vorposten mit Besorgnis, was sich jenseits der Grenze abspielte, wo immer öfter rechtsradikale Radaubrüder mit einem gewissen Adolf Hitler an der Spitze Versammlungen anderer Parteien auseinanderprügelten. Als 1922 eine Lesung von Schnitzlers „Reigen" in Salzburg von rechten Schlägern gestürmt wurde, schrieb er an seinen französischen Freund, den Literatur-Nobelpreisträger Romain Rolland: *„Wir sind zu nah an der deutschen Grenze, an Bayern. Man betreibt eine widerwärtige Propaganda gegen alles, was nicht alldeutsch ist ... Vielleicht sehe ich zu schwarz. Aber bis heute sind unsere schwärzesten Voraussichten noch immer von der Wirklichkeit überholt worden."* Mit der politischen Einschätzung seiner Wahlheimat Salzburg lag Stefan Zweig richtig. Als 1932 in vier Bundesländern Landtagswahlen abgehalten wurden, schnitt die erstmals eigenständig kandidierende NSDAP in Salzburg mit 21 Prozent der Stimmen am besten ab. In Wien erreichte sie 17, in Niederösterreich 14, in Vorarlberg nur 10 Prozent.

Im selben Jahr stürmten Salzburger Nazis einen Konzertabend des weltweit gefeierten schwarzen Baritons Aubrey Pankey, eines virtuosen Interpreten von Liedern Franz Schuberts und Richard Strauss'. Auf Flugblättern hieß es, die Salzburger Bevölkerung werde es nicht hinnehmen, dass ein Neger deutschen Künstlern das Brot wegnehme.

Wenige Monate später, im Januar '33, wurde Adolf Hitler Reichskanzler, im folgenden Mai wurden in vielen deutschen Städten Bücher in die Feuer geworfen, darunter auch jene von Stefan Zweig.

Besonders mag ihn verstört haben, auf wie viel Verständnis, ja sogar Zuspruch diese Bücherverbrennungen in seinem eigenen Land stießen – und das keineswegs nur bei Nationalsozialisten. Das Blatt der katholischen Kirche erwähnte ihn sogar wörtlich: In Deutschland sei doch *„nicht wirklich wertvolles deutsches Literaturwerk vernichtet worden. Wir lesen in dieser Liste sattsam bekannte Namen wie Stefan Zweig und andere gleichwertige. Nicht zufällig sind es in der Mehrheit Juden."*

Die Zeitung der regierenden Christlichsozialen nannte ihn und die anderen Autoren, deren Bücher von den Nazis verbrannt wurden, *„fremdrassige Elemente"* und *„Kulturverderber"*.

Das Klima veränderte sich auch in Österreich und Zweig spürte das bei einer höchst unerquicklichen Begegnung. Im Salzburger Festspielsommer 1933 erblickte er auf der anderen Straßenseite einen alten Freund aus Wiener Tagen, seinen Autorenkollegen Franz Karl Ginzkey (1871–1963), der jeden Sommer in Salzburg verbrachte. Ginzkey hatte bereits 1904 mit dem Kinderbuch „Hatschi Bratschis Luftballon" große Erfolge gefeiert. 1916 hatte Zweig mit ihm im Kriegsarchiv Dienst versehen. Am Abend und an Wochenenden war man oft miteinander ausgegangen.

In Salzburg tut Ginzkey jetzt, als habe er den Freund nicht gesehen, obwohl sich ihre Augen für einen Moment getroffen hatten. Zweig schreibt später: *„Es war mir sofort klar, daß er einerseits die Freundschaft mit mir aufrecht erhalten, andererseits, um nicht als Judenfreund verdächtigt zu werden, sich in der kleinen Stadt nicht mehr allzu intim mit mir zeigen wollte."*

Aber noch etwas anderes verdunkelt in diesen Jahren Stefan Zweigs Leben: Im selben Maß, in dem sein literarischer Erfolg gestiegen war, war sein Verhältnis zu seiner Frau Friederike abgekühlt. Sie hatten 1920 gleichzeitig mit ihrem Einzug ins Salzburger Domizil geheiratet. Friederike Zweig (1882–1971) brachte zwei halbwüchsige Töchter aus erster Ehe mit. Zweig kam nie mit ihnen aus. Manchmal nannte er Friederike wegen ihrer heißen Liebe zum neuen Medium abschätzig eine „Radiotin". Bei einigen seiner Tagebucheinträge dieser Zeit ist nicht klar, ob sie sich auf die politische Lage oder auf die schlechte Stimmung im Schlössl am Kapuzinerberg beziehen, wo sich Stefan und Friederike Zweig fast nur noch zanken: *„Unerträglich, in dieser Atmosphäre von Dummheit und feiger Anmaßung zu leben, ich ersticke darin und vor allem alles Aktive in mir."*

Die sich auch in Österreich zuspitzende Situation analysierte der Autor mehrerer von Politik durchwobener Biografien messerscharf, wenn auch nur in Tagebucheinträgen und privater Post.

Seinem Übersetzer Alfredo Kahn berichtete Zweig unmittelbar nach Ende der Februarkämpfe 1934 und wenige Tage vor der Hausdurchsuchung: *„Es ist der Sieg der faschistischen Idee und der Sieg wird morgen von dem der Nationalsozialisten abgelöst werden. Für uns,* *denen auf allen Seiten das Gewalttätige unsinnig erscheint, ist die Luft schwer in solchen Zeiten, und manchmal habe ich ein grauenhaftes Vorgefühl, als seien dies alles nur Vorpostengefechte für einen tausendmal fürchterlicheren Krieg.*"

Noch am gleichen Tag schrieb er seinem Freund Romain Rolland nach Paris: „*Dies ist das Ende Österreichs, denn es hat sich selber verraten ... Mit anzusehen, wie ein Volk, ein Land, das den großen Kampf gegen das Hitlertum fast allein zu bestehen hat, sich selber mordet, indem es Idioten bewaffnet!*"

Eine Woche später also diese Hausdurchsuchung, die, wie diese Vorgeschichte zeigt, keineswegs aus heiterem Himmel über das Schlössl am Kapuzinerberg und dessen Besitzer hereingebrochen ist: Für die Behörden lebt hier ein unbequemer Intellektueller, ein jüdischer Regimegegner. Dem soll mit diesem Durchsuchungsbefehl die Rute ins Fenster gestellt werden.

„*Am selben Abend begann ich meine wichtigsten Papiere zu packen, entschlossen nun immer im Ausland zu leben*", erinnert sich Stefan Zweig in seinen sieben Jahre später verfassten Lebenserinnerungen an diesen dramatischen Februartag des Jahres 1934.

Er zieht nach London, wo er schon im Jahr zuvor einige Monate verbracht hatte, um für seine Maria-Stuart-Biografie zu recherchieren. Nicht seine Frau Friederike, sondern seine Sekretärin Charlotte Altmann begleitet ihn ins Exil. Zweig ist 53, Charlotte 26. Ein Jahr später werden sie in England heiraten.

Aus London begründet Stefan Zweig im März 1934 in einem Brief an seinen Autorenkollegen Hans Carossa den Abgang aus seiner Wahlheimat: „*Salzburg hat durch seine Grenzlage einen dermaßen politischen Akzent bekommen und die Erregung dringt – so energisch man die Seelenfenster dagegen schließen mag – durch alle Ritzen und Fugen ins Haus: Man wohnt gleichsam auf einem militärischen Brükkenkopf und das ist der Arbeit nicht sonderlich förderlich.*" Aber er macht kein Aufsehen aus seinem Abgang – er will nicht seine letzte Publikationsmöglichkeit aufs Spiel setzen. Erst im August 1934, ein halbes Jahr nach seiner Übersiedlung nach England, meldet das

„Salzburger Volksblatt" in einem Einspalter die Ausreise von Österreichs wohl bekanntestem Schriftsteller: *„Stefan Zweig verläßt Salzburg ... Der Grund seines Wegzugs ist in gewissen Vorgängen nach dem 12. Februar zu suchen."*

Gewisse Vorgänge.

Die Lage des Flüchtlings Zweig ist nicht rosig. Seine Bücher erschienen seit 1906 im angesehenen Leipziger Insel Verlag. Damit ist nun Schluss, in Deutschland gibt es ein Verkaufsverbot von ihm verfasster Werke, aus Bibliotheken und Buchläden werden sie ausgesondert. In Deutschlands Theatern darf keines seiner Stücke aufgeführt werden, womit auch die Einnahmen aus Tantiemen entfallen. Der Wiener Herbert Reichner Verlag erklärt sich bereit, Zweigs Texte zu drucken, obwohl nun nur noch der kleine österreichische Markt offensteht. Das erste gemeinsame Projekt ist die Maria-Stuart-Biografie. 1938 muss Herbert Reichner flüchten, Zweigs Bücher sind nun auch in Österreich verboten.

Vor der Emigration nach London hat Stefan Zweig noch ein Opernlibretto für Richard Strauss verfasst. Viele Jahre lang hatte Hugo von Hofmannsthal die Libretti für Strauss erdacht. „Der Rosenkavalier", „Elektra", „Arabella" – sie alle stammen aus der Feder des „Jedermann"-Autors. Aber Hofmannsthal war im heißen Sommer 1929 gestorben. Wenige Stunden vor dem Begräbnis seines durch Selbstmord aus dem Leben geschiedenen Sohnes hatte ihn ein Schlaganfall niedergestreckt.

Richard Strauss (1864–1949) sucht einen neuen Librettisten und findet ihn in dem nach Thomas Mann und Lion Feuchtwanger berühmtesten deutschsprachigen Schriftsteller seiner Zeit, eben Stefan Zweig. Er schreibt für Deutschlands führenden Komponisten – dieser lebt unweit von Salzburg im bayerischen Garmisch – das Libretto zur komischen Oper „Die schweigsame Frau", die Adaption einer Komödie von Ben Jonson aus dem Jahr 1609. Im Januar 1933, wenige Tage vor der Ernennung Adolf Hitlers zum Reichskanzler, bringt Zweig den Text nach Garmisch. Der Komponist ist begeistert, an diesem Libretto ändert er kein einziges Wort. Richard Strauss ist kein glühender Nationalsozialist, er beschwert sich sogar bei Zweig, dass ihn seine Söhne dazu machen wollen. Aber der Komponist wehrt sich auch nicht, als ihn Joseph Goebbels zum Vorsitzenden der „Reichskulturkammer“ ernennt.

Problematisch wird es erst, als „Die schweigsame Frau“ im Juni 1935 an der Dresdner Staatsoper unter dem Dirigat des Österreichers Karl Böhm uraufgeführt wird. Weil Strauss darauf besteht, auf den Ankündigungsplakaten müsse auch der Name seines jüdischen Librettisten Stefan Zweig vermerkt sein, sagen Adolf Hitler und sein Gefolge ihre Teilnahme an der Premiere ab. Die Oper darf trotz der bejubelten Erstaufführung nur noch dreimal gespielt werden, dann wird ein Aufführungsverbot verhängt. Richard Strauss fällt vorübergehend in Ungnade, wird aber bald wieder vom NS-Regime hofiert. Hitler lässt ihn sogar auf die „Gottbegnadeten-Liste“ setzen – die höchste Ehre, die einem Künstler in Nazi-Deutschland widerfahren kann.

An der Wiener Staatsoper wird „Die schweigsame Frau“ erst gar nicht auf den Spielplan genommen. In Graz wird die inzwischen selbst in den USA mit großem Erfolg gespielte Oper nur einmal aufgeführt.

Stefan Zweig wird Salzburg nie mehr betreten, er wird nur noch durchreisen und am Bahnhof auch bei längerem Aufenthalt nicht den Zug verlassen.

Drei Jahre später, am 30. April 1938, findet am Salzburger Residenzplatz die einzige Bücherverbrennung auf österreichischem Boden statt. Auch bei ihr werden Zweigs Bücher verbrannt. Ein Gymnasiast übernimmt die Rolle des „Rufers“: *„Ins Feuer werf' ich das Buch des Juden Stefan Zweig, daß es die Flammen fressen wie alles jüdische Geschreibe. Frei erhebe sich, geläutert, der deutsche Geist!“*

Zweig erfährt davon in London. Er ist tief getroffen, dass dies in „seiner“ Stadt möglich war. 1941, da lebt er schon in Brasilien, wird ihm per Senatsbeschluss der Universität Wien auch der Doktorgrad aberkannt. Im Februar 1942 begeht Stefan Zweig gemeinsam mit seiner Frau Charlotte, die er nach der Scheidung von Friederike 1939 geheiratet hat, durch Einnahme einer Überdosis des Schlafmittels Veronal Selbstmord.

Kapitel 9

GEIST UND GEISTLOSIGKEIT

In der austrofaschistischen Kanzlerdiktatur machen sich „heimatverbundene" Künstler wie Max Mell, Josef Weinheber und Karl Heinrich Waggerl breit. Sie sind durchwegs bereits Mitglieder der illegalen NSDAP.

Josef Weinheber: Der Wiener Autor begrüßte die Vertreibung der jüdischen Konkurrenz.

„Da kommen sie nun aus allen Löchern gekrochen, die kleinen Provinznutten der Literatur", schreibt Kurt Tucholsky (1890–1935), als in Deutschland die Glut der verbrannten Bücher eben erlischt: *„Nun endlich, endlich ist die jüdische Konkurrenz weg – jetzt aber! Alpenrausch und Edelweiß, Mattengrün und Ackerfurche, Schollenkranz und Maienblut – Sie machen sich keinen Begriff, Niveau null."*

Der große Satiriker, Herausgeber der Zeitschrift „Weltbühne", lebt da schon in Schweden. Auch seine Bücher loderten im Mai 1933 auf Deutschlands Scheiterhaufen.

Tucholskys Prognose trifft in Österreich punktgenau ein.

Jetzt treten tatsächlich jene hervor, die sich von den häufig jüdischen Verlegern immer schon benachteiligt fühlten. Diese würden lieber Texte der Glaubensgenossen drucken als die ihren, argwöhnten sie. Der Wiener Lyriker und Erzähler Josef Weinheber beklagte als Präsident der „Vereinigung bodenständiger Künstler" schon 1931 *„die jüdische Unterwanderung des österreichischen Kulturbetriebs"*, die Autoren wie ihm das Leben schwer machten.

In der Autorengemeinde ortete er *„Rassenfeinde"*, etwa den *„Dreivierteljuden"* Hugo von Hofmannsthal und den *„Volljuden Stefan Zweig"*. Im selben Jahr trat Weinheber der NSDAP bei.

Als der Internationale PEN-Club 1933 wenige Wochen nach den Bücherverbrennungen in Deutschland zu seiner internationalen Jahrestagung in Ragusa (Dubrovnik) zusammentritt, scheiden sich in der österreichischen Delegation rasch die Geister: Autoren wie Franz Theodor Csokor, Ernst Lothar und Friedrich Torberg unterstützen die mehrheitlich beschlossene Protestresolution gegen die Feuernacht in Deutschland. Andere wie Max Mell und Josef Weinheber treten wegen des Protests aus dem PEN-Club aus.

Max Mell gründet eine Konkurrenzorganisation, den „Bund deutscher Schriftsteller Österreichs". Ihm treten Franz Karl Ginzkey, Maria Grengg, Franz Nabl, Josef Friedrich Perkonig, Karl Heinrich Waggerl und natürlich Weinheber bei.

Nach dem Februar 1934 hat der austrofaschistische Ständestaat nun alle Störenfriede niedergerungen: Die Sozialdemokratische Partei, die KPÖ und die NSDAP sind verboten, den Freien Gewerkschaften wird jede Tätigkeit untersagt. Unbequeme Geister wie Stefan Zweig und Ödön von Horváth haben Österreich Richtung Westeuropa verlassen und Emigranten, die 1933 aus Berlin flüchten mussten – etwa Bertolt Brecht, Joseph Roth und Anna Seghers –, reisen meist nur durch. Das ist nicht der Staat, in dem sie leben wollen. Außerdem ist Deutschland viel zu nah. Zwei musikalische Weltstars, die aus ihren inzwischen von noch rigideren Faschisten regierten Heimatländern flohen, treten jetzt allerdings oft in Österreich auf: der deutsche Dirigent Bruno Walter (1876–1962) und der italienische Maestro Arturo Toscanini (1867–1957).

Bruno Walter war von der rechten Presse Deutschlands schon vor der Machtergreifung der Nationalsozialisten vorgeworfen worden, Richard Wagners Musik zu spielen, die er als Jude doch gar nicht verstehen könne – eine Ansicht, die übrigens auch Wagner selbst vertreten hatte. Im März 1933, zwei Monate nach Hitlers Amtsantritt als Reichskanzler, drohten Nationalsozialisten, alles kurz und klein zu schlagen, sollte Bruno Walter wie geplant mit den Berliner Philharmonikern auftreten. Der Dirigent verließ sofort Berlin. Bei den Salzburger Festspielen im Sommer desselben Jahres dirigiert er Wagners „Tristan und Isolde" – eine Provokation für den Wagner-Liebhaber Adolf Hitler.

Arturo Toscanini hatte sich geweigert, an der von ihm geleiteten Mailänder Scala vor jeder Aufführung Benito Mussolinis Faschisten-Hymne „Giovinezza" („Jugend") zu spielen. Er ließ auch kein Porträt Mussolinis im Opernhaus aufhängen, was ebenfalls vom Regime verlangt worden war. 1929 verließ Toscanini Italien. Als er 1931 zu einem Kurzbesuch zurückkam, wurde er von jungen Faschisten auf offener Straße niedergeschlagen. Ab 1933 trat Toscanini auch nicht mehr in Bayreuth auf, er wollte mit den Nazis ebenso wenig zu tun haben wie mit Mussolini.

Die österreichische Regierung bietet beiden Dirigenten nun prominente Auftrittsmöglichkeiten – allerdings nicht ohne Hintergedanken. Auf diese Weise ließ sich relativ risikolos nationale Eigenständigkeit gegenüber den mächtigen deutschen Nachbarn demonstrieren – und brisante politische Kundgebungen der beiden Dirigenten waren ja nicht zu befürchten. Außerdem ging es um Devisen: Die Salzburger Festspiele und der Konzertbetrieb in Wien standen nach dem Ausbleiben des deutschen Publikums wegen Hitlers 1.000-Mark-Sperre vor dem Aus, wenn es nicht gelang, Gäste aus anderen Ländern nach Salzburg und Wien zu holen. Die Weltstars Bruno Walter und Arturo Toscanini sind die Zugpferde dieses Projekts: Nun kommt tatsächlich mehr Publikum aus Westeuropa und der Schweiz.

Aber der nun im Land herrschende Geist, vorgegeben von der Kirche und der christlich-sozialen Partei, ist nach dem Februar 1934 alles andere als weltläufig. Das österreichische Volk müsse jetzt nach der Ausschaltung der politischen Linken „*in machtvoller Abwehr*" zeigen, dass es nicht „*phäakenhaft, allen Trieben und Lüsten ergeben*" ist, appelliert Kardinal Innitzer in der „Reichspost". Das Burgtheater führt die Karwoche hindurch Karl Schönherrs „Passionsspiel" auf. Der Premiere am Palmsonntag 1934 wohnen Bundespräsident Wilhelm Miklas, Theodor Innitzer, Kanzlergattin Alwine Dollfuß, Justizminister Kurt Schuschnigg und der neue Wiener Bürgermeister Richard Schmitz bei (sein Vorgänger Karl Seitz wurde verhaftet und sitzt im Gefängnis).

Der Statue des nackten Jünglings beim Theseustempel im Wiener Volksgarten wird ein Blatt über den Penis gemeißelt. Berittene Polizei treibt oben ohne badende Frauen in der Lobau auseinander. Schüler, die nicht zur Beichte gehen, werden mit schlechten „Sittennoten" bestraft. Öffentlich zugängliche Kondomautomaten werden gesetzlich verboten und demontiert. In Oberösterreich gilt während der Karwoche und Advent Tanzverbot. Wer aus der Kirche austritt, kann von den Behörden vorgeladen werden, wobei überprüft wird, ob er Herr über seine Sinne ist.

Ernst Kreneks neue Oper „Karl V.", ein 1933 fertiggestelltes Auftragswerk der Wiener Staatsoper, kommt nicht auf deren Spielplan, weil die Heimwehr dagegen agitiert. In Kreneks „Karl V." geht es um eine kritische Selbstreflexion des spanischen Habsburgers am Totenbett. Joseph Rinaldini, „kulturpolitischer" Sprecher der Heimwehr, liefert in einem Kommentar in der „Österreichischen Abendzeitung“ die Begründung für die Absetzung der Oper noch vor ihrer Premiere: *„In einer solchen Zeit geht es nicht an, daß auf der Bühne aktuelle religiöse und politische Gegensätze plastisch vorgeführt werden und so das Publikum zu ihrer Verfechtung beziehungsweise Bekämpfung aufgereizt wird.“* Österreicher, aber auch „Reichsdeutsche“ würden an einem solchen Werk *„mit Recht Anstoß nehmen“*.

In der Kulturpolitik unterscheiden sich der österreichische und der deutsche Faschismus jedenfalls kaum – so unterschiedlich ihre Ausprägungen auf anderen Gebieten sein mögen. Im austrofaschistischen Ständestaat gibt es keine Bücherverbrennungen, aber die Leihbibliotheken, vor allem die 60 Arbeiterbüchereien in den Wiener Gemeindebauten, werden „gesäubert“. Verantwortlich dafür ist der Volksbildungsreferent des Regimes, Karl Lugmayer, der sich als Helfer den Bildungsreferenten der gleichgeschalteten Arbeiterkammer Viktor Matejka (1901–1993) holt. Matejka, damals ein Linkskatholik, wird nach 1945 als kommunistischer Kulturstadtrat von Wien große Anstrengungen für die Rückholung der von den Nazis vertriebenen Künstler unternehmen.

Wohl beschlagnahmt das Duo Lugmayer und Matejka die gesamte marxistische Literatur, die Werke aller österreichischen Sozialdemokraten und die russische Moderne, aber das ist den Auftraggebern zu wenig. Lugmayer und Matejka werden abgezogen, die Bibliothekssäuberungen werden Chefsache und unterstehen jetzt Bürgermeister Schmitz persönlich.

Nun werden auch Mitglieder des katholischen Kalasantiner-Ordens in die Gemeindebauten geschickt, um die Arbeiterbüchereien nach „schädlicher“ Literatur zu durchforsten. Im Juli 1936 kann die „Reichspost“ Bilanz über die Arbeit der Ordensmänner und der anderen Zensoren ziehen: Rund 1.500 Titel wurden gesperrt, *„die ausgeschiedenen Bücher befinden sich in einem Magazin, schätzungsweise an die 20.000 Bände“*.

Die Sperrlisten sind ein Querschnitt der gehobenen Literatur des 19. und frühen 20. Jahrhunderts. Honoré de Balzacs „Tolldreiste Geschichten“, Ernest Hemingways „In einem anderen Land“, „Der brave

Soldat Schwejk“ von Jaroslav Hašek, Alfred Döblins „Berlin Alexanderplatz“, Bertha von Suttners „Die Waffen nieder!“, Texte von Kurt Tucholsky, Émile Zola, Oskar Maria Graf, Erich Kästner, Jack London, Irmgard Keun, Maxim Gorki, Bertolt Brecht, Lion Feuchtwanger, Heinrich Mann – das alles soll nun nicht mehr gelesen werden. Auch Gustav Meyrinks „Golem“, Giovanni Boccaccios „Decamerone“ und die Werke Charles Darwins stehen auf dem Index. Auf naturwissenschaftliche Werke haben es vor allem die religiös motivierten Zensoren abgesehen – sie könnten schließlich der biblischen Schöpfungsgeschichte widersprechen.

Nicht zufällig war gut die Hälfte der nun im Austrofaschismus „weggesäuberten“ Schriftsteller auch Ziel der Nazi-Bücherverbrenner vom Mai ’33.

Sogar Sigmund Freuds Buch „Das Unbehagen in der Kultur“ kommt ins Depot und wird danach wie alle anderen ausgesonderten Bände eingestampft, obwohl sich der Psychoanalytiker mit dem neuen Regime abzufinden versucht und seine Ordination in der Wiener Berggasse weiter betreibt. An seinen Sohn Ernst schreibt Freud nach dem 12. Februar 1934: *„Die Zukunft ist ungewiß, entweder ein österreichischer Faschismus oder das Hakenkreuz. Im letzten Fall müssen wir weg; vom heimischen Faschismus wollen wir uns allerlei gefallen lassen, da er uns kaum so schlecht behandeln wird, wie sein deutscher Vetter. Schön wird er auch nicht sein, aber die Fremde ist auch nicht schön.“*

Dennoch gibt es auch namhafte Autoren, die sich mit den neuen Machthabern nicht nur abfinden, sondern sich sogar mit ihnen solidarisieren, darunter zwei, von denen man es nicht erwartet hätte: Franz Werfel und Karl Kraus.

Werfel hat eine linke Vergangenheit, im November 1918 war der 28-jährige Jungautor mit den „Roten Garden“ durch Wien gezogen, hatte am Schottentor in einer revolutionären Rede zum Sturm auf die nahe Creditanstalt aufgerufen und war sogar verhaftet worden. Arthur Schnitzler riet Alma Mahler heftig von einer Beziehung mit diesem „*Communisten*“ ab. 1927 unterschrieb Werfel mit vielen anderen Intellektuellen und Autoren einen Wahlaufruf für die Sozialdemokratische Partei. Zum internationalen Literaturstar wurde er durch seinen Roman „Die 40 Tage des Musa Dagh" über den türkischen Völkermord an den Armeniern.

Werfel, vor allem aber seine Frau Alma, Witwe des Hofoperndirektors Gustav Mahler, war schon vor dem blutigen Februar 1934 mit dem damaligen Justizminister Kurt Schuschnigg befreundet gewesen, wobei diese Freundschaft eine pikante Note trägt.

1932 hatte Alma Mahler-Werfel in ihrer Villa auf der Hohen Warte ein Festessen zu Ehren von Wiens neuem Erzbischof Theodor Innitzer gegeben. Dabei lernte sie den Beichtvater und engen Vertrauten Schuschniggs, den Linzer Theologen Johannes Hollnsteiner, kennen. Hollnsteiner galt wie Schuschnigg als Mann der Zukunft, ja sogar als möglicher Nachfolger des Kardinals.

Franz und Alma Werfel (rechts im Wagen) mit Helene und Alban Berg: Der früher linke Werfel sympathisierte mit den Austrofaschisten.

Alma, jetzt 54, entflammt sofort für den 38-jährigen Priester, der sexuell unerfahrene Kirchenmann verfällt ihr rasch. Sie mietet eine kleine Wohnung, um sich insgeheim mit Hollnsteiner treffen zu können, in der Villa auf der Hohen Warte stört sie das Hauspersonal. Franz Werfel ist die meiste Zeit in Italien, um in Almas Haus in Venedig in Ruhe schreiben zu können, aber er weiß wahrscheinlich von der Liaison seiner anstrengenden Frau. Auch Almas Tochter Anna aus der Ehe mit Gustav Mahler kommt hinter die Liebschaft und stellt ihre Mutter zur Rede. Anna erzählt später Franz Werfels Sekretär über das Gespräch mit ihrer Mutter: *„Sie hat ihn gefragt, wie das nun also ist. Da hat er ihr erklärt, das mit der Keuschheit, das ist immer nur dann, wenn man den Talar anhat. Sonst ist es gar nicht notwendig.“*

Nach der Ermordung von Bundeskanzler Engelbert Dollfuß durch Nationalsozialisten wird Kurt Schuschnigg im Juli 1934 dessen Nachfolger und behält den von Dollfuß eingeschlagenen Kurs bei.

Nun macht Adolf Hitler erst recht Druck. Er kann sich weder mit der nationalen Eigenständigkeit Österreichs abfinden noch mit dem Umstand, dass die NSDAP seit seinem Triumphjahr 1933 ausgerechnet in seinem Heimatland verboten ist.

Im Juni 1936 reist Kurt Schuschnigg ins italienische Viareggio, um sich bei Benito Mussolini Rückendeckung gegen Hitler zu holen. Mussolinis Plan ist absurd: Der Duce rät dem österreichischen Kanzler, den 25-jährigen Otto Habsburg aus dem Pariser Exil zurück nach Wien zu holen und ihn wieder als Monarchen einzusetzen, das werde Hitler schon den Wind aus den Segeln nehmen. Dieser Idee kann selbst Schuschnigg nichts abgewinnen, obwohl er das Habsburgergesetz von 1919 aufgehoben und der Familie große ehemalige Besitzungen restituiert hat, etwa das Schloss Laxenburg bei Wien.

Alma und Franz Werfel sind mit Schuschnigg nach Viareggio gekommen. In einer von Mussolini zur Verfügung gestellten Limousine macht man gemeinsame Ausflüge ins toskanische Hinterland und besucht das Wohnhaus des 1924 an Kehlkopfkrebs verstorbenen Komponisten Giacomo Puccini, den Alma als Gattin des Hofoperndirektors noch persönlich gekannt hatte.

Der 39-jährige Schuschnigg ist da schon seit einem Jahr Witwer. Seine Frau Herma war im Juli 1935 bei einem Autounfall auf der Bundesstraße 1 nahe Linz ums Leben gekommen. Der offenbar alkoholisierte Chauffeur von Schuschniggs Dienstwagen hatte am Weg in den Urlaubsort Sankt Gilgen die Kontrolle über das Auto verloren, das mit hoher Geschwindigkeit gegen einen Baum prallte. Der Bundeskanzler brach sich bei dem Unfall die Schulter, Sohn Kurt, damals neun Jahre alt, wurde nur leicht verletzt, Herma Schuschnigg starb noch an der Unfallstelle an einem Genickbruch.

Franz Werfel ergriff damals die Gelegenheit, um Schuschnigg (*„ein reiner, außerordentlicher Mann mit selbstloser Vaterlandsliebe“)* in der „Wiener Sonntags- und Montagszeitung“ ausgiebig zu rühmen: Nach dem Tod seiner Frau dürfe der Kanzler nun keine Schwäche zeigen: *„Die österreichische Menschlichkeit, die er, der geistige, empfindsame, unbeirrbare Mann in so hohem Grade selbst verkörpert – sie muß zum Heile Europas bewahrt und durchgesetzt werden.“*

Die im Brünner Exil erscheinende „Arbeiter Zeitung“ reagierte auf den Treuebruch des ehemaligen Linken empört: *„Eine unerhörte Literatenlumperei. Menschen hungern in den Kerkern, die Werfels aber fressen aus der Krippe und lecken die Hand. Die Verkörperung der menschlichen Dreckseele.“* Schuschnigg hatte ein Jahr zuvor, im Februar 1934, als Justizminister die Begnadigung zum Tode verurteilter Sozialdemokraten abgelehnt.

Etwas komplexer als jene Franz Werfels ist die politische Metamorphose des zweiten Literaten, der nun mit der Kanzlerdiktatur sympathisiert: Karl Kraus. Kraus wurde bald nach dem Amtsantritt von Bundeskanzler Engelbert Dollfuß dessen unverhohlener Bewunderer, obwohl dieser meist uniformierte kleine Mann, der die Politik mit „Frontgeist“ erfüllen wollte, eher einer Figur aus seiner satirischen Tragödie „Die letzten Tage der Menschheit“ glich.

Kraus war nie ein Linker und anders als viele Intellektuelle hatte er 1927 auch keine Wahlempfehlung für die Sozialdemokraten und deren Rotes Wien abgegeben. Aber er und diese ihm im Grunde fremde Partei hatten oft dieselben Gegner und die Roten waren wenigstens keine Antisemiten. Auch das Verhindern einer linken Rätediktatur im November 1918 hielt er den Sozialdemokraten zugute. Er verachtete die Linksradikalen, ihre Ideologie hielt er für eine *„journalistische Mode"*. Die Sozialdemokratische Partei forderte er auch nach der Auflösung der Roten Garden noch viele Jahre lang auf, entschiedener gegen die „Bolschewisten" vorzugehen, obwohl die KPÖ bei Nationalratswahlen nicht einmal die Ein-Prozent-Marke schaffte.

Als einzigem Sozialdemokraten war Kraus dem langjährigen Chefredakteur der „Arbeiter Zeitung" Friedrich Austerlitz (1862–1931) persönlich verbunden, ein Sprachfanatiker wie er selbst. Aber der ist nun tot. Austerlitz hatte immer versucht, Kraus mit der Sozialdemokratischen Partei zu versöhnen. Nach dem Tod des von Kraus verehrten Chefredakteurs bricht auch diese letzte Brücke. Mit Austerlitz-Nachfolger Oscar Pollak (1893–1963) kommt Kraus nicht zurecht, wozu auch eine persönliche Kränkung beigetragen haben mag: Pollak hatte in einer Rezension von Remarques „Im Westen nichts Neues" begeistert geschrieben, es gebe kein österreichisches Anti-Kriegsbuch, das mit diesem vergleichbar wäre. Kein Wunder, dass der nicht eben uneitle Autor von „Die letzten Tage der Menschheit" vergrämt ist.

Da nützt es wenig, dass Kraus-Fans in den Reihen der Wiener Sozialdemokraten eine „Vereinigung Karl Kraus" gründen, deren einziger Vereinszweck es ist, *„das Interesse der werktätigen österreichischen Bevölkerung für das Wirken und die Werke des Künstlers Karl Kraus zu fördern."* Ein Beitritt zur Vereinigung ist nur unter Vorlage des Parteibuchs möglich.

Kraus bleibt unversöhnlich.

Nach dem Tod seines Freundes Austerlitz hält er die Sozialdemokraten sogar für die Hauptschuldigen am Erstarken Adolf Hitlers. Er sieht das Niederwerfen der Sozialdemokratischen Partei und der Gewerkschaften als Voraussetzung für den Widerstand gegen Hitler, die roten Parteigänger müssten sich sofort von ihren Führern lossagen und sich dem Regime Dollfuß' unterordnen. Den Chefideologen der Sozialdemokraten Otto Bauer nennt er einen *„Leitartikler des Unheils"*, einmal sogar einen *„Henker"*.

Damit begibt sich Kraus endgültig eines beträchtlichen Teils seiner Anhängerschaft. Elias Canetti etwa schreibt an seinen Bruder Georges in Frankreich: *„Ich schäme mich, von einem solchen Monstrum begeistert gewesen zu sein ... Welch ein Goebbels im Geist! Zerstöre in Dir den Götzen Kraus!"*

Das Alterswerk von Karl Kraus wird immer komplexer und teilweise unverständlich. Kraus-Forscher haben ermittelt, dass sein letzter Artikel in der „Fackel" auf 19 Seiten mehr als 70 Wortspiele enthielt. In einem dieser schwer lesbaren Sätze geht es 1936 wieder einmal um den zwei Jahre zuvor ermordeten Kanzler: *„Dollfuß-Dank! Bewunderung des Lebendigen, dessen Tat und Opfer einstweilen das Leben der Verbohrten und Vernagelten gerettet hat wie jener Nichtswürdigen, die ihn noch im Tode zu schmähen wagen!"*

Sein Eigenverlag ist da schon fast bankrott.

Im Frühjahr 1936 wird Karl Kraus von einem Radfahrer angefahren und erheblich verletzt, wenige Monate danach erleidet er im Café Imperial im gleichnamigen Hotel an der Wiener Ringstraße einen Herzinfarkt, an dessen Folgen er zwei Tage später in seiner Wohnung in der Lothringerstraße 6 stirbt.

Die in Brünn gedruckte und nach Österreich geschmuggelte „Arbeiter Zeitung" schreibt: *„Ein Toter ist gestorben."*

So erlebt es Karl Kraus nicht mehr, wie noch in seinem Todesjahr seine „Letzten Tage der Menschheit" ebenfalls auf den Index der unerwünschten Literatur gesetzt, aus den Bibliotheken ausgesondert und danach eingestampft werden – von jenem Regime, das er zur Überraschung seines Stammpublikums so geschätzt hatte.

Robert Musil (1880–1942) hat Pech. Nach langer und schwieriger Arbeit ist 1931 endlich sein Opus magnum „Der Mann ohne Eigenschaften" erschienen, um nur zwei Jahre später von den Nationalsozialisten aus den Buchläden ausgesondert zu werden. Die ohnehin nicht reichlichen Tantiemen – das Buch verkauft sich mäßig – versiegen nun völlig.

Musil hatte 1906 mit seinem Erstling „Die Verwirrungen des Zöglings Törleß" einen schönen Erfolg gefeiert. Aber das Geld ist knapp, ohne großzügige Spender käme er nicht über die Runden. Anders als Franz Werfel und Karl Kraus steht er den Machthabern in Österreich sehr reserviert gegenüber. Bei einer Rede im „Schutzverband der Schriftsteller" übt er im Dezember 1934 sogar offen Kritik am Versuch der Regierung, künstlerisches Schaffen nach ihrem Denken zu lenken: *„Die Politik holt sich heute nicht die Ziele bei der Kultur, sondern bringt sie mit und teilt sie aus. Sie lehrt uns, wie wir einzig und allein dichten, malen und philosophieren sollen."* Nicht der Geist, sondern die Geistlosigkeit der herrschenden Kulturpolitik sei das Problem, so Robert Musil.

Er bezieht sich damit auf die ein Jahr zuvor am Katholikentag von Engelbert Dollfuß am Wiener Trabrennplatz gehaltene Rede. Den Staat verglich der Bundeskanzler dort mit einem Bauernhof, auf dem der Bauer und seine Knechte am selben Tisch sitzen und aus derselben Schüssel essen. Wo allerdings auch jeder weiß, wo sein Platz ist – am oberen oder am unteren Ende des Tisches – und wo diese Hierarchie nie angezweifelt wird. Dies sah er als *„harmonische Ordnung"*, die von der Französischen Revolution zerstört worden sei.

Und tatsächlich wird jetzt von den offiziellen Stellen dem Bauerntum und dem Handwerk gehuldigt. Imkern, Sensenschmieden, Steinmetzen und Volkstanzgruppen wird in Illustrierten und „Kulturfilmen" viel Platz gegeben. Fotobücher und Briefmarken zeigen alpine Landschaften, Kirchen, Skitouristen, wogende Felder und Goldhauben. Man trägt wieder Tracht.

Sündenpfuhl Stadt, Wucht der Berge, Kraft ihrer Menschen, Reinheit des Ländlichen – das alles lässt sich gut mit dem vom Austrofaschismus vertretenen Antimodernismus kombinieren. Städte, Wissenschaft und Industrie haben jetzt als Themen des Films, des Theaters oder der Literatur ausgedient.

Das ist auch eine Triumphgeste: Der autoritäre Staat hat das heidnische Wien niedergerungen. 16 Monate zuvor, bei den Wiener Landtagswahlen von 1932, hatten dort noch 60 Prozent die Roten gewählt. Am 12. Februar 1934, ein Jahr nach der Auflösung des Parlaments, war deren Widerstand durch Waffengewalt gebrochen. Nach drei Tagen Beschuss durch Bundesheer und Heimwehren war jede Gegenwehr in den Gemeindebauten und Parteiheimen erlahmt, die Streiks verebbten rasch, die rote Parteiführung floh ins Ausland. Ihre führungslose Basis war ernüchtert. Das Rote Wien ist Geschichte, die Festung ist gefallen. Jetzt beginnt eine neue Zeit, so wie ein Jahr zuvor in Deutschland.

„Alpenrausch und Edelweiß. Mattengrün und Ackerfurche. Schollenkranz und Maienblut“ würden die Attribute der nun modern werdenden Literatur sein, hatte Kurt Tucholsky 1933 geätzt.

Die nach der Ausschaltung jüdischer Schriftsteller zum Zug kommenden Autoren stellen jetzt dem neuen Geist folgend (oder der neuen *„Geistlosigkeit“*, wie Robert Musil unkt) die Urkraft des Landes der Dekadenz in der dem Verderben geweihten Stadt gegenüber.

Der Kärntner Autor Guido Zernatto (1903–1943), Großonkel des späteren Landeshauptmanns Christof Zernatto (geb. 1949), sagt in seinem Roman „Sinnlose Stadt“ Orten wie dem sündigen Wien den nahenden Untergang vorher: *„Die Städte werden veröden, und ein Bauernpflug wird hart an die Straßensteine und an die Tramwayschienen knirschen.“*

Karl Heinrich Waggerl (1897–1973) aus Wagrain im Pongau liefert mit seinem Roman „Brot“ geradezu einen Archetypus dieser Ständestaat-Literatur: Der in der krank machenden Stadt gestrauchelte Simon legt hoch oben im Gebirge auf hartem Boden Hand an. Er bereut seine Sünden, rodet, ackert, sät und erntet. Stück um Stück ringt dieser „Mann wie die Erde“ der kargen Natur Land ab. Der sich selbst knechtende Simon wird von den „Großkopferten“ unten im Tal belächelt, man hat dort gerade eine Heilquelle entdeckt. Aber während unten alles in Intrige, Korruption und Spekulation versinkt, trotzen Simon und die Seinen hoch droben der Natur und den Härten eines kargen Lebens. Waggerl propagiert eine arbeitsame, glückliche Armut. Wer dieses Konzept infrage stellt, ist ein Klassenkämpfer und Feind der „Heimat“. Solche Literatur ist politisch erwünscht und sie wird auch gefördert: Karl Heinrich Waggerl ist 1934 folgerichtig der erste Träger der neu geschaffenen Auszeichnung „Großer österreichischer Staatspreis für Literatur“. Mit dem Roman „Schweres Blut“ – der Titel ist Programm – setzt Waggerl nach: Urbane Wurzellosigkeit wird der mythischen Erdverbundenheit des Landes gegenübergestellt.

Im nächsten Jahr, 1935, geht der Staatspreis an den Kärntner Josef Friedrich Perkonig (1890–1959) aus Ferlach im Grenzland. Er vertritt dieselbe Literaturgattung wie Waggerl – sein Hauptwerk heißt „Bergsegen" –, allerdings angereichert um den Kärntner Abwehrkampf gegen Gebietsansprüche des neuen Staats der Südslawen, an dem Perkonig 1920 selbst teilgenommen hat.

Wieder ein Jahr später, 1936, verleiht Schuschniggs Regierung der Niederösterreicherin Maria Grengg den Staatspreis. Auch sie hält Großstadtfeindlichkeit, Agrarromantik und Mutterkult hoch. Volkstümliche Werte und ländliche Tugenden durchweben ihren erfolgreichsten Roman „Die Flucht zum grünen Herrgott". Das passt in das Anforderungsprofil des preisvergebenden Ständestaats. Allen diesen Preisträgern ist eines gemeinsam: Sie sind bereits Sympathisanten oder sogar Mitglieder der in Österreich illegalen NSDAP und warten auf die große Stunde.

Sie kommt im März 1938.

Kapitel 10

„GEWALTIGER MANN, WIE KÖNNEN WIR DIR DANKEN?"

März '38: Die Staatskünstler des Austrofaschismus begrüßen Adolf Hitler und werden Staatskünstler der Nazis. Die Eliten des Geisteslebens sind auf der Flucht. In Salzburg werden Bücher zu Scheiterhaufen aufgeschichtet.

Adolf Hitler 1938 in der Wiener Staatsoper: Namhafte Künstler begrüßten ihn mit einem „Bekenntnisbuch".

Der Übergang verläuft problemlos. Der nach den Bücherverbrennungen in Deutschland gegründete „Bund deutscher Schriftsteller Österreichs", eine NS-Tarnorganisation, die sich von der ahnungslosen Regierung Schuschnigg alimentieren ließ, hatte perfekte Vorarbeit geleistet: Längst gibt es Listen jüdischer, homosexueller oder vorbestrafter Autorinnen und Autoren. Man weiß, mit wem sie sich umgeben, man kennt ihre politische Vergangenheit, so es eine gibt. Sofort nach dem „Anschluss" im März 1938 lassen sich diese Daten zügig den Akten der NS-Reichsschrifttumskammer einverleiben, die nun auch in Österreich eine Zweigstelle hat. Sie untersteht direkt Propagandaminister Joseph Goebbels und entscheidet darüber, wer veröffentlichen darf und wer nicht.

Gründer und Präsident dieser seit 1936 über die deutsche Botschaft in Wien finanzierten NS-Tarnorganisation „Bund deutscher Schriftsteller Österreichs" ist der in Marburg geborene Max Mell, ein Meister der katholischen Erlösungsstücke. Sein „Apostelspiel" wurde bei den Salzburger Festspielen von 1925 uraufgeführt und ist bis heute auf regionalen Sommerbühnen beliebt. Die Handlung: Ein kleines, in einer Bergbauernhütte aufwachsendes Mädchen glaubt, in zwei Neuankömmlingen heiß herbeigesehnte Apostel zu erkennen, die beiden sind aber bloß Halunken auf Raubzug. Aber die rührende Gläubigkeit des Mädchens erweicht die Bösewichte und bekehrt sie schließlich.

Jetzt, im März 1938, ist Max Mell wieder zur Stelle: Er gibt ein großes „Bekenntnisbuch österreichischer Dichter" heraus, in dem 70 Autorinnen und Autoren unter dem Titel *„Dichter bekennen sich zur Heimkehr ins Reich"* ihrem „Führer" huldigen. Max Mell geht in seinem Beitrag mit „gutem Beispiel" voran: *„Gewaltiger Mann, wie können wir dir danken?/ Wenn wir von nun an eins sind ohne Wanken."*

Karl Heinrich Waggerl ist am Tag des Einmarsches deutscher Truppen in Österreich auf Lesereise in Danzig und bedauert das sehr. Seine Zuhörer in der deutschen Ostseestadt begrüßt er bei der Lesung an diesem Abend mit den Worten *„Ich komme aus dem befreiten Österreich!"*.

Zurück in Salzburg verewigt sich auch Waggerl im „Bekenntnisbuch österreichischer Dichter": *„Mögen alle Sünden verziehen sein, nur die eine nicht: Jetzt noch zu zweifeln oder zu verneinen!"* An Adolf Hitler beeindruckt den Salzburger Heimatdichter *„die befreiende Kraft einer wahrhaft großen Menschlichkeit"*.

Maria Grengg, eben noch Staatspreisträgerin im Austrofaschismus, bejubelt den Nazi-Einmarsch nicht weniger hingebungsvoll: *„Als*

Adolf Hitler kam und uns nur mit seinem großen Herzen nahm, wußte ich beglückt, daß jetzt alles gut sei und daß dieser seit je geliebte, größte Sohn meiner Heimat sie mir jetzt wiederschenkt!"

Die Niederösterreicherin aus Stein an der Donau veröffentlicht noch im selben Jahr ihren Roman „Kindlmutter", der in der Zeit nach dem Ersten Weltkrieg spielt. *„Soll wirklich nur das Gesindel seine Brut vermehren? Sind wirklich nur mehr die Zigeunerweiber stolz auf ihre vielen Kinder?"*, fragt sie darin und gibt sich selbst die Antwort: *„Wir brauchen nach diesem Krieg, der das Mindere und Fremdrassige gehütet hat im Hinterland und das Beste hat ausgelesen zum Sterben und Verderben, wieder Edelmenschen!"* Im Einvernehmen mit ihrem Verlag gibt Maria Grengg zu Ehren Adolf Hitlers ihr Geburtsjahr mit 1889 an, obwohl sie 1888 geboren ist: Sie will sich nicht einfach jünger machen, sie will ihrem in diesem Jahr geborenen Führer noch näher sein.

Bald darauf zieht Maria Grengg, vom neuen Regime hochgeschätzt, ins Fuchs-Schlössl in Wien-Rodaun ein, in dem Hugo von Hofmannsthal bis zu seinem tödlichen Schlaganfall im Jahr 1929 gelebt hatte. Hofmannsthals Witwe Gerty wurde enteignet und musste vor den Nazis nach England fliehen. Maria Grengg bewohnt das arisierte Schlössl bis zu ihrem Tod im Jahr 1963. Sowohl in Wien-Liesing als auch im benachbarten Perchtoldsdorf gibt es bis heute eine Maria-Grengg-Gasse.

Gertrud Fussenegger (1912–2009), wie Maria Grengg auch nach 1945 fixe Größe im Deutschunterricht an Österreichs Gymnasien, ist seit 1933 Mitglied der NSDAP. Den „Anschluss" an Nazi-Deutschland sehnt sie in schwer verdaulicher Schwulst-Lyrik herbei: *„Wenn einst der Tag herauf anhebt zu dämmern,/ Erlösung dich zu umglühen,/ schlage den Mantel auf,/ laß uns vergehend an seinem Saum nur knien."* Im März 1938 verfasst sie ein im „Völkischen Beobachter" veröffentlichtes Dankgedicht. In einem Reisebericht aus Prag schreibt sie, dort seien früher unter zehn Menschen fünf Juden gewesen: *„Die willig geduldete Überfremdung durch Artandere und Entartete verlieh Prag ein zuweilen bis zur Verzerrtheit groteskes Aussehen." „Derartiger Unfug"* sei jetzt aus der Stadt verschwunden, Hitler sei Dank.

Nach 1945 werden einige ihrer Bücher in der sowjetischen Besatzungszone mit Verbreitungsverbot belegt.

Ins „Bekenntnisbuch" trägt sich 1938 natürlich auch Franz Karl Ginzkey ein. Ginzkey war ebenfalls Mitglied des „Bunds deutscher Schriftsteller Österreichs" und von Schuschnigg in den „Staatsrat" des Ständestaats berufen worden – ein belangloses „Beratungsgremium". Dennoch schürt Ginzkeys Mitgliedschaft in diesem Staatsrat den Argwohn der Nazis: In einem Akt wird vermerkt, Ginzkey sei ein Konjunkturritter, ein *„schmiegsamer und leisetretender Charakter"*. Um jeden Verdacht zu zerstreuen, gibt sich der Dichter besonders kämpferisch. Seine publizistischen Beiträge sind meist Propagandalyrik. In der Zeitschrift „Oberdonau" heißt es etwa 1943 im Gedicht „Heimkehr des Panzerschützen": *„Treu der Pflicht das Äußerste zu wagen/ Hieß er Schweigen seines Herzens Not/ Tod zu säen war ihm aufgetragen/ und er säte unerbittlich Tod."*

Josef Weinheber, wie Maria Grengg und Karl Heinrich Waggerl im Austrofaschismus ein Staatspreisträger, stellt sich bei den neuen Herren mit einem „Hymnus auf die Heimkehr" ein.

Dieser wird am 20. April 1938, also zu Adolf Hitlers 49. Geburtstag, bei einer Festvorstellung im Burgtheater vorgetragen. Es liest ihn der Star des Hauses, Ewald Balser: *„Dies im Namen des Volks!/ Dies im Namen des Bluts!/ Dies im Namen des Leids!"*

Im selben Jahr bezeichnet Weinheber Erich Maria Remarques „Im Westen nichts Neues" bei einem großdeutschen Dichtertreffen in Weimar als *„böse, hinterhältig und auf Vernichtung des deutschen Wesens abzielend"*. Hitlers „Mein Kampf" hingegen ist für ihn *„das Buch, das uns Deutschen das Bewußtsein unseres Wesens zurückgegeben hat"*.

Am Tag, an dem im April 1945 der Kampf um Wien beginnt, begeht Josef Weinheber mit einer Überdosis Morphium Selbstmord.

Während sich die Wendehälse im „Bekenntnisbuch" zu Ehren ihres Führers verewigen, versuchen andere Autoren, den neuen Herren zu entkommen, was oft nur mit knapper Not gelingt und manchmal gar nicht. Karl Farkas etwa, der im Kabarett Simpl in der Wiener Wollzeile sein Publikum gern mit bösen Scherzen über die Nazis unterhalten hatte, gelangt mit dem letzten Zug über die tschechoslowakische Grenze. Sein Kabarettpartner Fritz Grünbaum wird an der Grenze zurückgewiesen und wenig später von der Gestapo verhaftet. 1941 wird Fritz Grünbaum im KZ Dachau ermordet.

Joseph Roth lebt schon in Frankreich. An seinen Freund Stefan Zweig schrieb er 1933 nach seiner Abreise über seinen Entschluss zur Emigration: *„Inzwischen wird Ihnen klar sein, daß wir großen Katastrophen zutreiben. Abgesehen von den privaten Sorgen – unsere literarische und materielle Existenz ist ja vernichtet – führt das Ganze zum neuen Krieg. Ich gebe keinen Heller mehr für unser Leben. Es ist gelungen, die Barbarei regieren zu lassen. Machen Sie sich keine Illusionen. Die Hölle regiert."*

Im Februar 1938, wenige Tage vor dem „Anschluss", kommt Joseph Roth noch einmal nach Wien: Im Auftrag Otto Habsburgs – auch er ist im Pariser Exil – soll Roth Bundeskanzler Schuschnigg davon überzeugen, Otto als Regenten einzusetzen, um so den Einmarsch Nazi-Deutschlands zu verhindern. Der Kanzler empfängt ihn nicht einmal. Am Abend dieses enttäuschenden Tages gibt Joseph Roth noch eine Lesung aus seinem neuen Roman „Kapuzinergruft". Danach verlässt er die Stadt wieder Richtung Paris. Diesmal für immer.

Joseph Roth erliegt ein Jahr später seiner Alkoholkrankheit.

Alfred Polgar, der große Feuilletonist, nimmt am 6. März 1938 im Theater in der Josefstadt an einer Lesung seiner Werke und jener Stefan Zweigs, Franz Werfels und Hermann Brochs teil. Zweig und Werfel sind schon im Ausland. Unmittelbar nach der Veranstaltung verlassen auch Polgar und seine Frau Lisl Wien mit dem Nachtzug Richtung Zürich. Sie lösen keine Retourfahrkarte.

Hermann Broch (1886–1951) wird wenige Tage nach der Lesung von selbst ernannten Ordnungskräften festgenommen und der Gestapo übergeben. Albert Einstein, Thornton Wilder und Thomas Mann erwirken für ihn ein Einreisevisum in die USA. Im Oktober 1938 trifft er in New York ein. Wien wird Hermann Broch nie wieder sehen.

Der Komponist und Dirigent Robert Stolz (1880–1975) müsste eigentlich gar nicht flüchten. Der in Graz geborene Sohn eines Kapellmeisters ist kein Jude, seine Schlager werden auch in Deutschland landauf, landab gesungen: „Salome", „Zwei Herzen im Dreiviertakt", „Adieu mein kleiner Gardeoffizier", „Die ganze Welt ist himmelblau". Sein Lied „Im Prater blüh'n wieder die Bäume", geschrieben 1916 während seines Engagements bei einer Militärmusikkapelle im Biergarten Schweizerhaus, ist eine inoffizielle Hymne Wiens.

Robert Stolz hat auch nach Hitlers Machtübernahme große Auftritte in Berlin, er schreibt Operetten und Filmmusik, jeder kennt ihn. Das macht er sich zunutze, wenn er jüdische Freunde unter der Sitzbank seiner Gräf & Stift-Limousine von Deutschland nach Österreich schmuggelt. Der Chauffeur steckt vor der Grenzstation die Hakenkreuzfähnchen an die Kotflügel, die Wachen salutieren, manche bitten Robert Stolz um ein Autogramm.

Das geht lange gut. 21 Juden und politisch Verfolgten rettet er so wahrscheinlich das Leben. In der Nacht des „Anschlusses" bekommt Robert Stolz in seiner Wohnung in der Wiener Elisabethstraße einen Anruf seines Bruders Max, eines glühenden Nazis, mit dem er seit vielen Jahren keinen Kontakt hat. In seinen Lebenserinnerungen hat Robert Stolz später das Gespräch wiedergegeben „*Max sagte: ‚Ich will dir nur sagen, daß du deine Wohnung sofort von dieser jüdischen Bagage zu säubern hast. Falls das bis sechs Uhr in der Früh nicht passiert ist, komme ich mit der Gestapo zu dir. Du weißt, der Führer ist auf dem Weg nach Wien.' Alles, was ich sagte, war: ‚Du kannst mich mitsamt deinem Führer am Arsch lecken.'*"

Noch in derselben Nacht lässt sich Robert Stolz von seinem Fahrer über die Schweizer Grenze bringen.

Weniger glimpflich kommt ein anderer Komponist davon, der in Wien-Meidling geborene Hermann Leopoldi (1888–1959). Wie die Schlager von Robert Stolz sind auch jene von Leopoldi überaus beliebt: „In einem kleinen Café in Hernals", „Schön is so a Ringlspiel", „Schnucki, ach Schnucki, fahr ma nach Kentucky, in der Bar Old Shatterhand spielt a Indianerband" – da kann jeder mitsingen. Armin Berg, Hans Moser, Karl Valentin und viele andere treten in Leopoldis Lokal in der Wiener Rothgasse auf.

In der Nacht zum 12. März 1938, Hitlers Truppen überqueren gerade die Grenzen, versuchen Hermann Leopoldi und seine Frau

Eugenie, nach Brünn zu entkommen. Aber die Grenzen sind bereits gesperrt, der Zug muss umkehren, die verzweifelten Leopoldis fahren zurück in ihre Wohnung in der Marxergasse. Wenige Tage später kommt die Gestapo. Hermann Leopoldi wird in ein provisorisches Gefängnis in einer Schule in der Karajangasse in der Wiener Brigittenau gebracht, wo auch ein 27-jähriger Student namens Bruno Kreisky einsitzt. Kreisky kann nach Schweden emigrieren. Der 50-jährige Leopoldi wird ins Konzentrationslager Dachau und im September 1938 ins KZ Buchenwald verschleppt.

Leopoldis Frau Eugenie darf nach New York ausreisen, wo ihre Eltern seit einigen Jahren ein Geschirrgeschäft betreiben. Im Februar 1939 gelingt es ihnen, Hermann Leopoldi aus Buchenwald freizukaufen. Das funktioniert, weil die Nazis zu diesem Zeitpunkt noch froh sind, beim Volk besonders beliebte jüdische Häftlinge ohne großes Aufsehen loszuwerden. Außerdem brauchen sie Geld.

Bücherverbrennung in Salzburg im April 1938: Organisiert wurde sie von einem Lehrer.

Am 30. April 1938, sechs Wochen nach der NS-Machtüberahme, wird auch in Österreich eine Bücherverbrennung inszeniert. Anders als in Deutschland werden nur in einer Stadt Bücher zu Scheiterhaufen aufgetürmt, in Salzburg.

Während in Deutschland ein Student, Paul Schmidt aka Paul Carell, das Autodafé organisiert hat, ist es in Salzburg ein Lehrer, der 41-jährige Karl Springenschmid (1897–1981).

Springenschmid, NSDAP-Mitglied seit 1932, hat sich in der Zeit des österreichischen Kleriko-Faschismus als heimatverbundener Autor versucht, wenngleich er nie die Meisterschaft seines Schulkameraden und Freundes Karl Heinrich Waggerl erreichte. Aber auch in seinen Romanen, die Titel wie „Die Front über den Gipfeln" tragen, geht es um die Alpen, um Bauernstolz und Heimatliebe. Ab Mitte der 1930er-Jahre arbeitet Karl Springenschmid als Co-Autor des berühmten Bergfilmers Luis Trenker. Das Ergebnis dieser Zusammenarbeit sind die Romane „Helden der Berge" und „Leuchtendes Land".

Die Salzburger Bücherverbrennung findet am Residenzplatz statt, die Hitler-Jugend singt zu deren Beginn das Lied „Als Jungen wurden wir Soldaten". Die Feuerrede hält der inzwischen zum Leiter des Salzburger Schulwesens aufgestiegene Springenschmid: *„Verbrannt, vernichtet sei alles, was an klerikaler Knechtung und jüdischer Verderbnis den Aufbruch einer wahrhaft deutschen Kultur behinderte!"*

Ins Feuer geworfen werden etwa dieselben Titel, die schon 1933 in Deutschland den Flammen übergeben wurden. Dazu kommen klerikale Arbeiten und Bücher von Ständestaat-Politikern.

Während des Kriegs wird Karl Springenschmid als hochrangiger SS-Mann in Norwegen, in Finnland und am Balkan eingesetzt.

Nach 1945 steht er als mutmaßlicher Kriegsverbrecher auf den Fahndungslisten. Er entkommt und lebt unter dem Tarnnamen Karl Bauer unbehelligt in der Steiermark. 1951 werden die Ermittlungen gegen ihn eingestellt. Springenschmid kehrt unter seinem richtigen Namen nach Salzburg zurück und schreibt Bücher für den rechtslastigen Stocker-Verlag, unter anderem die Biografie seines Schulfreundes Karl Heinrich Waggerl („Servus Heiner!"). Er ist bis zu seinem Lebensende Mitglied in rechtsextremistischen Organisationen.

Viele der 1938 aus Österreich zur Emigration gezwungenen Kulturschaffenden kehren nicht mehr zurück, weil sie auf der Flucht oder im Exil sterben oder weil sie nicht mehr in dem Land leben wollen, aus dem sie vertrieben wurden: die Komponisten Arnold Schönberg, Alexander Zemlinsky, Ernst Krenek, Hanns Eisler, Ralph Benatzky und Erich Wolfgang Korngold; der Sänger Richard Tauber; die Schauspieler Peter Lorre und Paul Henreid; die Wissenschaftlerinnen und Wissenschaftler Lise Meitner, Kurt Gödel, Sigmund Freud, Wolfgang Pauli, Erwin Schrödinger, Victor Weisskopf, Maria Jahoda und Alfred Adler; die Regisseure Max Reinhardt, Otto Preminger und Fritz Lang, die Autorinnen und Autoren Stefan Zweig, Josef Roth, Franz Werfel, Vicki Baum, Max Brod, Alfred Polgar, Hertha Pauli, Anton Kuh, Hermann Broch, Robert Musil, Elias Canetti, Veza Canetti, Jakob Wassermann und viele andere.

Kapitel 11

„SCHMUTZ IN GANZEN KÜBELN"

Das neue Österreich flüchtet sofort nach 1945 in konservative Kulturtraditionen, die Politik fördert das, dem vom Krieg erschöpften Publikum gefällt's.

Der viel gelesene Autor Alexander Lernet-Holenia (1897–1976) gibt bald nach Kriegsende die Richtung vor: *„In der Tat brauchen wir nur dort fortsetzen, wo uns die Träume eines Irren unterbrochen haben, brauchen wir nicht voraus-, sondern nur zurückzublicken. Auch im Ausland wird kein neues, es wird im Grunde ein altes Österreich von uns erwartet."*

Lernet-Holenia formuliert damit die neue Staatsräson: Die sieben Jahre NS-Herrschaft werden einfach aus der Geschichte gestrichen. War da was? Fehlt da wer?

Österreich – *„erstes Opfer"* der Nazis, so haben es die siegessicheren Alliierten schon 1943 in der „Moskauer Deklaration" niedergeschrieben. Jetzt kehrt das Opfer dorthin zurück, wo es seine Beschaulichkeit verlassen musste, weil plötzlich dieser *„Irre"* da war. Die Welt erwarte das *„alte Österreich"*, meint Lernet-Holenia, also das Österreich der Berge und des Kaisers, der Hofräte und Hofschranzen, des Weins, des Walzers und der Gemütlichkeit.

Der Zeithistoriker Oliver Rathkolb glaubt, der Krieg selbst habe den Blick der Österreicher in die Vergangenheit gerichtet: *„Das Publikum entwickelte aufgrund des Drucks der Kriegsereignisse eine Art verdeckte Österreich-Identität durch die Flucht in altösterreichische, meist konservative Kulturtraditionen."*

Das in den ersten beiden Nachkriegsjahrzehnten überstrapazierte Genre „Heimatfilm" ist also ein logisches Produkt: Seine Schauplätze sind vom Krieg nicht heimgesuchte Orte – das Dorf, der Wald, das Hochgebirge, die Wachau, die Heide. Die auftretenden Autoritäten werden nicht angezweifelt – der Arzt, der Lehrer, der Pfarrer, der

Rudolf Eisenmenger und sein Vorhang für die Staatsoper: Vor 1945 malte er für das Wiener Rathaus NS-Monumentalkunst.

Förster, der Graf. Gut und Böse sind, anders als im echten Leben, auf den ersten Blick erkennbar. Und es gibt immer ein Happy End.

Der Begriff des „Vaterlands" oder gar des „Reichs" ist nach den Jahren der Nazi-Herrschaft desavouiert, aber „Heimat" – das erinnert an früher, an imaginierte Geborgenheit, auch wenn es die vielleicht gar nicht gegeben hat.

Die „Heimatmacher" greifen denn auch freudig in die Vergangenheit zurück. Arbeit wird meist in vorindustriellen Produktionsweisen dargestellt: Da tummeln sich Schmiede, Schreiner und Glockengießer, Frauen sind Köchinnen, Gattinnen und Mütter. Der vornehme Jagdherr, womöglich noch von Adel, ist natürliche Führungsfigur, darunter einfacheres Volk und noch weiter unten der Wilderer und andere Besitzlose.

Praktischerweise lassen sich derart simple Handlungsstränge einfach adaptieren. Als in der ersten Hälfte der 1950er-Jahre bloße Rückschau wegen des Wirtschaftsaufschwungs nicht mehr genügt und der Bau des Kraftwerks Kaprun zum Symbol staatlicher Wiedergeburt wird, werden entsprechende Themen in die herkömmlichen Plots verwoben. Im Film „Weißes Gold“ etwa soll ein Erbhof einem Stausee weichen. Ein findiger Ingenieur findet aber einen anderen Standort und rettet den Erbhof. Keine Angst vor der neuen Zeit, es bleibt eh alles beim Alten, lautet die beruhigende Botschaft.

Bis 1960 werden in Deutschland und Österreich mehr als 300 Filme nach diesem Muster gedreht. Sie bieten den Halt, nach dem sich viele Menschen nach den traumatischen Erlebnissen in den Kriegsjahren sehnen.

Die Szenarien ähneln nicht zufällig der im Ständestaat geförderten Literatur, auch in dieser kam das Gefährliche, das Fremde, meist aus der Stadt oder gar aus dem Ausland. Auf solche Bilder wird jetzt bewusst zurückgegriffen und die Politik befürwortet diesen Rückgriff nach Kräften: Die beiden ersten Unterrichts- und Kulturminister der Zweiten Republik, Felix Hurdes und Heinrich Drimmel (ÖVP), waren schließlich selbst Funktionäre in Kurt Schuschniggs Kanzlerdiktatur, Drimmel war auch Heimwehrmann.

Folgerichtig waren die ersten Empfänger des 1934 eingeführten und ab 1950 wieder vergebenen „Großen Österreichischen Staatspreises für Literatur“ fast durchwegs die Stars des Ständestaats, die auch in der NS-Zeit hofierte Autoren blieben und nun schon von der dritten Regierung ausgezeichnet werden.

- Den Staatspreis für das Jahr 1950 bekommt Josef Leitgeb, ein weitgehend unbekannter Naturlyriker aus Tirol. Nach dem Kriegsdienst war er ab 1945 Stadtschuldirektor von Innsbruck.
- 1951 wird Hugo von Hofmannsthals Sekretär, der Autor Felix Braun, mit dem Staatspreis für Literatur ausgezeichnet, seine Arbeiten kreisen um die Themen Religion und Antike. Im Ständestaat war er selbst Mitglied der Staatspreis-Jury.
- 1953 wird Rudolf Henz Staatspreisträger, der wichtigste Kulturpolitiker des Austrofaschismus, der auch für die Organisation der Massenspektakel des Regimes zuständig war. Als er den Staatspreis bekommt, ist Henz schon Chef des Österreichischen Rundfunks.
- Im Jahr darauf, 1954, wird Max Mell mit dem Staatspreis für Literatur geehrt. 1938 organisierte Max Mell das Adolf Hitler huldigende „Bekenntnisbuch österreichischer Schriftsteller“. Nach 1945

wird er dennoch von der Registrierungspflicht befreit, weil er Briefe von zwei ausgewanderten Juden vorweisen kann, die bescheinigen, er habe ihnen geholfen.

◆ Wie Max Mell spielte auch Franz Karl Ginzkey, Staatspreisträger für Literatur des Jahres 1957, schon im autoritären Ständestaat als Staatsrat eine wichtige Rolle in der Kulturpolitik. 1938 besang er im „Bekenntnisbuch" seinen „Führer" in markigen Worten. Der NSDAP trat er 1942 bei (Mitgliedsnummer 8.751.771). Nach 1945 erinnert man sich an Ginzkey als romantischen, heimatverbundenen Dichter, als Vater von „Hatschi Bratschis Luftballon". Ginzkey bleibt freilich seiner Gesinnung treu und liefert der rechtsradikalen Zeitschrift „Der Eckartbote" regelmäßig Beiträge. Seit 1965 wird die Niederösterreichische Landeshymne nach einem Text von ihm gesungen: „*Oh Heimat Dich zu lieben/ getreu in Glück und Not ...*" Die Melodie kommt von einem diesbezüglich Unbefleckten: Ludwig van Beethoven.

An den Prominentesten aus der Runde der schon vor 1938 mit dem Nationalsozialismus sympathisierenden Autoren, Karl Heinrich Waggerl, kann der Staatspreis nach 1945 nicht mehr vergeben werden, er hat ihn schon 1934 bekommen. Die neue Republik überhäuft ihn dafür mit anderen Ehrenzeichen und Ehrenringen. 1973 wird er Ehrensenator der Universität Salzburg.

Waggerl war 1938 der NSDAP beigetreten, wurde Salzburger Obmann der Reichsschrifttumskammer und 1940 Bürgermeister seiner Heimatgemeinde Wagrain. Nach Kriegsende behauptete er, nicht von seiner NS-Mitgliedschaft gewusst zu haben. Den Antrag habe wohl der Ortsgruppenleiter ohne sein Wissen ausgefertigt.

Als Autor ist Karl Heinrich Waggerl auch in der Zweiten Republik ungebrochen erfolgreich, seine Bücher werden fünf Millionen Mal verkauft. Waggerls Weihnachtsgeschichten finden bis heute in jedem Advent ihren Weg in österreichische Tageszeitungen.

Emigrierte und im Ausland verbliebene Autoren sind schon durch die Satzungen des Staatspreises von der Preisvergabe ausgeschlossen: Nur wer seinen Wohnsitz in Österreich hat, kann ausgezeichnet werden; alles andere würden doch weder die im Land verbliebenen Schriftsteller noch die Öffentlichkeit verstehen, heißt es in der Begründung des den Preis vergebenden Unterrichtsministeriums. Alfred Polgar, Hermann Broch, Max Brod, Elias Canetti, Vicki Baum und viele andere sind damit nicht preiswürdig.

Österreich hat Waggerl. Und Elias Canetti kann sich 1981 mit dem Literaturnobelpreis trösten ...

Ist das neue Österreich in diesen ersten Jahren der Freiheit nach elfjähriger Diktatur in anderen Sparten von Kunst und Kultur aufgeschlossener als in der Literatur? Jedenfalls nicht in der Musik, wie das Tauziehen um Alban Bergs 1925 in Leipzig unter Erich Kleibers Dirigat uraufgeführter Oper „Wozzeck" zeigt. Bergs Oper war damals sofort ein Kassenerfolg. Sie wurde noch im Premierenjahr an 20 deutschen Bühnen aufgeführt, es folgten 1926 Prag, 1927 Leningrad, 1930 Wien und Amsterdam, 1931 Philadelphia, Zürich und New York, ein Jahr später London. Die letzten „Wozzeck"-Vorstellungen im deutschen Sprachraum fanden im Spätherbst 1932 an der Staatsoper unter den Linden in Berlin statt. Die Nationalsozialisten untersagten nach 1933 Aufführungen in ihrem Machtbereich. Alban Berg war zwar kein Jude, aber sein Œuvre galt als „entartet".

Jetzt, 1951, will seine Witwe Helene die seit 20 Jahren nicht mehr in Österreich aufgeführte Oper in Erinnerung rufen und Helene Berg (1885–1976) ist eine durchsetzungsfähige Frau. Das mag an ihren Genen liegen. Helene ist die Tochter der Korbflechterin Anna Nahowski und des österreichischen Kaisers Franz Joseph.

Der Monarch hatte Anna 1875 im öffentlichen Teil des Schönbrunner Schlossparks kennengelernt. Sie war damals 16, er 45. Drei Jahre später begann ihre sexuelle Beziehung, Franz Joseph kaufte zu diesem Zweck eine prächtige Villa in der neben der Schlossmauer verlaufenden Maxingstraße, Hausnummer 46. In die Mauer des Schlossparks ließ er eine kleine Tür einbauen. Seine Besuche kündigte der Kaiser in von Boten überbrachten Briefchen an: *„Wenn ich komme, werden Sie das lästige Mieder nicht haben, wenn Sie mich lieb haben, erwarten Sie mich im Bett"*, heißt es auf einem dieser trauten Kärtchen. Sieben Jahre lang gab es diese frühmorgendlichen Visiten in der Maxingstraße.

Kurz vor dem Beginn seiner Beziehung mit Katharina Schratt – eingefädelt von Franz Josephs Frau Elisabeth – kam Helene zur Welt.

Helene Berg ist also eine entschlossene Frau und bei der Vermarktung ihres 1935 verstorbenen Gatten Alban erfolgreich: Maestro Karl Böhm will sich bei den Salzburger Festspielen 1951 des „Wozzeck" annehmen, einer Oper, die den Militarismus, den Sadismus und die Menschenschinderei anprangert – was würde besser in diese Zeit passen? Salzburg ist da anderer Meinung.

Der Komponist Gottfried von Einem, damals Mitglied des Festspieldirektoriums, erzählt später, wie schwer es gewesen sei, Landeshauptmann Josef Klaus (ÖVP) von der Aufnahme des „Wozzeck" ins Programm zu überzeugen.

Klaus ist unglücklich, weil einige Zeitungen schon vor der Eröffnung der Festspiele gegen diese „Neutönerei" protestieren und er will nicht als Ultramodernist dastehen, der er ja wahrlich nicht ist. Eine Aufführung des „Wozzeck" sei ein *„Abgleiten ins Experiment"*, heißt es etwa im „Salzburger Volksblatt": *„Hier muß ein energischer Schlußstrich gesetzt werden, Festspiele sind schließlich Weihespiele im weitesten Sinne und das Festspielhaus ist keine Experimentierbühne und kein Studio. Mozart, Jedermann, Max Mells ‚Apostelspiel' sind künstlerisches Religionsbekenntnis."*

Der Autor des Artikels, Robert Hohlbaum, war ein Nazi der ersten Stunde. Während des Kriegs schrieb er vom NS-Regime gefördert heldische Prosa.

Die in Wien erscheinende „Presse" schreibt zur der geplanten „Wozzeck"-Aufführung: *„‚Wozzeck' ist das weitaus bedeutendste Opernwerk einer Stilrichtung, die keinen Bestand hatte und haben konnte. Als solches wird es überall anerkannt. Aber bei allem Respekt – ein Festspiel ist es darum nicht."*

In seiner Eröffnungsrede bei den Festspielen erwähnt Landeshauptmann Josef Klaus die nach 20 Jahren erstmals wieder in Österreich aufgeführte Oper demonstrativ nicht. Er rühmt die Schönheit (*„Sie ist von göttlichem Ursprung"*), diese werde aber oft *„ein Raub der Dämonen"*. Danach lobt Klaus die *„echte Kunst"* und nennt beispielhaft die in der Saison 1951 bevorstehenden Aufführungen des

„Idomeneo", der „Zauberflöte", jene von Beethovens Neunter und natürlich die des „Jedermann". Alban Berg vergisst er.

Das Nachkriegs-Salzburg ist noch nicht in einer neuen Zeit angekommen, hier wird oft geschrieben und gedacht wie ehedem. Wenige Wochen nach der „Wozzeck"-Aufführung heißt es etwa in den „Salzburger Nachrichten" über amerikanische Besatzungssoldaten: *„Wenn die amerikanische Armee auf Negertruppen nicht verzichten und diese Negertruppe sich wiederum ihre Kongo-Mentalität nicht abgewöhnen kann, so möge man die uniformierten Buschklepper überall, nur nicht im alten Europa auslassen. Unsere Fremden kommen nämlich nach Salzburg im guten Glauben, hier nicht Neu-Afrika vorzufinden."*

Noch einmal Salzburg, wo auch in der Bildhauerei das Ewiggestrige lange als das Ewiggültige gilt.

Im Festspielsommer 1950 veranstaltet die vom sozialdemokratischen Bürgermeister Anton Neumayr regierte Stadt im Mirabellgarten eine große Ausstellung des Bildhauers Josef Thorak (1889–1952). Thorak, ein gebürtiger Salzburger, war in der NS-Zeit ein Star. Der „Völkische Beobachter" sah in ihm den *„größten Bildhauer des Reiches"*. Er stattete das Nürnberger Parteitagsgelände und die Reichskanzlei mit bis zu 17 Meter hohen Plastiken aus, er schuf das „Denkmal der Bewegung" in München und ein Autobahndenkmal nahe Salzburg. Thorak verdiente so prächtig, dass er sich als Arisierer großen Stils betätigen konnte. Im Jahr 1943 kaufte er das der Witwe Hugo von Hofmannsthals abgenommene Schloss Prielau im Pinzgau und ließ es mit Raubgut aus Frankreich ausstatten.

1945 rechtfertigt sich Thorak, er sei ein unpolitischer Mensch und habe nicht wissen können, wer dieser Hitler in Wahrheit war. Die Stadt Salzburg nimmt ihm das nicht übel und richtet nur fünf Jahre nach Kriegsende die große Festspiel-Begleitausstellung an einem der prominentesten Plätze der Stadt für ihn aus.

Gleichzeitig findet im Carabinierisaal der Salzburger Residenz eine deutlich kleinere Ausstellung statt. Gezeigt werden Werke des aus der Emigration in der Schweiz zurückgekehrten Bildhauers Fritz Wotruba (1907–1975). Wotrubas Œuvre besteht nicht aus Monumentalplastiken, seine Formensprache ist Reduktion und Abstraktion. Er war schon vor seiner Flucht vor den Nazis ein Großer: Mitglied der Secession, Ausstellungen in Essen und Zürich, im Musée National d'Art Moderne in Paris und bei der Biennale in Venedig 1932 und 1934. Seit seiner Rückkehr ist Wotruba Chef der Meisterklasse Bildhauerei an der Wiener Kunstakademie.

In Salzburg wird er in diesem Festspielsommer 1950 dennoch alles andere als freundlich empfangen. An der Spitze der Kampagne gegen Wotruba steht der „Verband der Unabhängigen" (VdU), die seit 1949 im Nationalrat vertretene Vorgängerpartei der FPÖ, Wortführer ist deren Abgeordneter und Chefideologe Viktor Reimann. Er empfiehlt, Wotrubas Werke nicht in der Residenz, sondern in einer Bombenruine auszustellen, dort passten sie besser hin. Reimann wörtlich: *„‚Fortschrittliches Denken' hat jedes Gefühl von Anstand und Scham über Bord geworfen. Es gibt zwar Schmutz- und Schundgesetze, doch auf dem Umweg über die sogenannte moderne Kunst, beispielsweise eines Wotruba, kommt der Schmutz in ganzen Kübeln über unsere Jugend."*

Wotrubas Fantasien seien *„krankhaft ... er wühlt im Hässlichen"*, diagnostiziert der spätere Kolumnist der „Kronen Zeitung" und trifft damit offenbar die Stimmungslage: Während in der Thorak-Schau 22.000 Besucher gezählt werden, sind es in der Wotruba-Ausstellung gerade 800. Die Salzburger Zeitungen schreiben von einer *„Volksabstimmung"*.

1963 wird eine Straße im Stadtteil Aigen nach Josef Thorak benannt.

Auch der erste Theaterskandal der neuen, der Zweiten Republik, lässt nach der Wiederaufnahme des allgemeinen Spielbetriebs nicht lange auf sich warten.

Bei der Uraufführung von „Haben" des ungarischen Autors Julius Hay im August 1945 am Wiener Volkstheater kommt es sogar zu einer Saalschlacht im Parkett, als während einer Szene von der Dorfhebamme, gespielt von Dorothea Neff, unter einer Madonnenstatue Gift versteckt wird. Schüler des nahe gelegenen Piaristengymnasiums und ehemalige Hitlerjungen brechen daraufhin im Saal Raufereien vom Zaun. Mitgliedern des Theaters gelingt es, die Situation zu beruhigen. Dorothea Neff hatte während der NS-Zeit ihre jüdische Lebensgefährtin bei sich zu Hause versteckt.

Der nächste Wirbel betrifft ein Stück, gegen das schon die Nazis agitiert hatten und dessen Autor auf der Flucht vor ihnen ums Leben kam: Ödön von Horváths „Geschichten aus dem Wiener Wald".

Horváth (1901–1938) führt darin die Spießer und Kleinbürger der Zwischenkriegszeit vor, er entlarvt die doppelbödige „Wiener Gemütlichkeit" als Tarnung für Gemeinheit und Niedertracht, als trügerische Idylle. Uraufgeführt wurden die „Geschichten aus dem Wiener Wald" 1931 in Berlin mit prominenter österreichischer Besetzung: Hans Moser gab den Zauberkönig, Paul Hörbiger den Rittmeister und Peter Lorre den Alfred. Die Kritiker in den rechten Blättern machten das Stück sofort nieder: *„Eine beispiellose Unverschämtheit ... Unflat ersten Ranges"* hieß es im „Völkischen Beobachter". Das NS-Wochenblatt „Der Angriff" (Herausgeber: Joseph Goebbels) schrieb: *„Das goldene Wiener Herz ersoff rettungs- und hilflos in der Horváth'schen Jauche".*

Als die Nazis die Macht übernahmen, wurden Horváths Stücke sofort verboten. Der Autor floh nach Paris, wo er 1938 während eines Unwetters von einem Ast erschlagen wurde.

17 Jahre nach der Premiere und zehn Jahre nach Horváths Tod, also 1948, soll das Stück nun auch in Wien aufgeführt werden, am Volkstheater. Im spektakulären Bühnenbild des späteren Direktors Gustav Manker spielt ein Starensemble: Karl Skraup, Inge Konradi, Dorothea Neff, Oskar Wegrostek, Harry Fuss. Aber schon bei der zweiten Aufführung kommt es zu Tumulten im Zuschauerraum, Skraup muss in der Rolle des Zauberkönigs extemporieren, um das Publikum zu beruhigen.

In den meisten Wiener Zeitungen werden die „Geschichten aus dem Wiener Wald" tags darauf niedergemacht: *„Diesen Gespensterreigen von Halbtrotteln und Verbrechern ein Volksstück zu nennen, ist eine Anmaßung"* heißt es in der „Montags-Ausgabe". *„Horváth nennt sein Stück ein Volksstück. Was aber haben diese innerlich durch und durch faulen Lemuren, diese Sumpfblüten, die in jeder Großstadt gedeihen können, mit dem Volk, mit dem Volk von Wien zu tun?"*, fragt die

ÖVP-nahe „Wiener Tageszeitung“ (zwei junge Reporter namens Hans Dichand und Hugo Portisch arbeiten dort im Außenpolitik-Ressort).

Bemerkenswerterweise unterscheidet sich die Kritik in der kommunistischen „Österreichischen Zeitung“ von jener in konservativen Blättern nur durch noch rüderen Ton: *„Erste Unverfrorenheit: dieses peinliche Panoptikum ein ‚Volksstück‘ zu nennen. Zweite: Diese Verunglimpfung Wiens gerade den Wienern vorzusetzen.“*

Später werden die „Geschichten aus dem Wiener Wald“ an praktisch allen größeren Bühnen Österreichs ins Programm genommen.

Der verordnete Geschmack der NS-Zeit dominiert in Nachkriegsösterreich auch in der Bildenden Kunst.

Es mag Adolf Hitlers Hang zur Malerei geschuldet gewesen sein, dass das NS-Regime gegen missliebige Künstler mit fast ebensolcher Tobsucht vorgegangen war wie gegen politische Regimegegner. Expressionismus, Dadaismus, Surrealismus, Kubismus, Fauvismus – das alles galt als „entartete Kunst“. Marc Chagall, Max Ernst, Pablo Picasso, Käthe Kollwitz, Paul Gauguin, Paul Klee – ihre Arbeiten und jene vieler anderer Künstler galten als „entartet“ und wurden zur „Abschreckung“ in allen deutschen Städten in Ausstellungen gezeigt. Der so beim Publikum geprägte „Kunstgeschmack“ überdauerte den Krieg.

Zu den „Entarteten“ zählte auch Oskar Kokoschka. Seine Bilder wurden 1939 im Wiener Künstlerhaus mit dem Vermerk ausgestellt, Kokoschka habe einen *„ausgesprochen krankhaften Charakter“*, bei seiner Kunst springe einem das *„Morbide und Psychopathische ins Auge“*. Der gebürtige Niederösterreicher war 1938 über die Tschechoslowakei nach England geflohen und hatte in Österreich keinen Wohnsitz mehr. Die Nazis bürgerten ihn aus.

Jetzt, nach dem Krieg, will ihn der neue Wiener Kulturstadtrat Viktor Matejka nach Österreich zurückholen. Matejka wurde im Ständestaat als Angestellter der gleichgeschalteten Arbeiterkammer für die „Säuberung“ der Arbeiterbüchereien von „linker“ Literatur eingesetzt, aber bald wegen angeblich zu großer Milde abgezogen. Von

1938 bis 1944 war Matejka Häftling in verschiedenen Konzentrationslagern, 1945 trat er der KPÖ bei und wurde Wiener Kulturstadtrat.

1947 kommt der inzwischen weltberühmte Kokoschka tatsächlich zu einem Schnupperbesuch nach Wien. Matejka überredet ihn, ein Porträt von Bürgermeister Theodor Körner (SPÖ) für die Bürgermeister-Galerie im Rathaus zu malen. Die Stadtväter wurden bis dahin nur in schwerem, dunklem Öl porträtiert.

Oskar Kokoschka porträtiert 1949 Bürgermeister Körner (SPÖ): Körners Genossen war das Bild zu modern, sie verräumten es im Depot.

Im Spätwinter 1949 beginnt Kokoschka mit der Arbeit, Körner sitzt geduldig Modell. Im Mai desselben Jahres ist das Bild fertig – und niemand will es haben, es bleibt in Matejkas Büro. In seinen Lebenserinnerungen schreibt Matejka: *„Es begann die Kritik und bald darauf die Stänkerei, zuerst nur hintenrum. Aber es fand sich auch unter den öffentlich bestellten Kritikern und Kulturpäpsten niemand, der das Bild einer besonderen Hervorhebung für würdig befunden oder sich sachlich damit auseinandergesetzt hätte.“*

Kokoschka hatte der Stadt Wien kein Honorar verrechnet, aber verlangt, dass der Gegenwert für die Not leidenden Wiener Schulkinder aufgewendet wird.

Als Viktor Matejka im selben Jahr 1949 nach der Wahlniederlage der KPÖ sein Amt verliert, wird Kokoschkas Bild einfach ins Depot des Rathauses gebracht, obwohl es dem porträtierten Bürgermeister Körner durchaus gefällt. Matejkas Nachfolger als Kulturstadtrat, Hans Mandl (SPÖ), begründet das Verräumen des Gemäldes mit der Behauptung, es handle sich ohnehin nur um eine *„Skizze“*. Außerdem gebe es *„in Wien kein notleidendes Schulkind, weil die öffentliche Fürsorge für die Schuljugend sorgt.“*

Kokoschkas Körner-Porträt wird erst zwei Jahre später wieder hervorgeholt, als der Künstler fordert, ihm das Gemälde sofort für eine Werkschau in Linz auszuhändigen. Danach, so verfügt der gekränkte Kokoschka, soll es in Linz bleiben. Im dortigen Lentos-Museum hängt es bis heute. Spätere Versuche von Bürgermeister Helmut Zilk, das Bild nach Wien zurückzuholen, scheitern: Linz will seinen Kokoschka verständlicherweise nicht mehr hergeben.

Und noch eine kulturpolitische Weichenstellung zeigt, wie schwer sich das neue Österreich beim Loslassen von Ständestaats- und Nazimüll tut.

Im Frühjahr 1954 steht die Entscheidung darüber an, welcher Künstler mit der Gestaltung des eisernen Vorhangs in der wieder aufgebauten Wiener Staatsoper beauftragt werden soll. Dabei werden klingende Namen ins Spiel gebracht: Marc Chagall steht zur Diskussion, Fritz Wotruba und Oskar Kokoschka.

Dagegen regt sich sofort Widerstand. Künstlerhaus-Präsident Karl Maria May, ein Genre- und Landschaftsmaler, warnt den kurioserweise für den Vorhang zuständigen Handelsminister Udo Illig (ÖVP): *„Kokoschka ist ein ehemaliger Österreicher, der, als seine Heimat in Not war, in englische Staatsbürgerschaft untergeschlüpft ist, und Chagall ist ein national-israelischer Künstler russischer Herkunft. Die österreichische Kunst ist kein Tummelplatz für die Sensationsgier einer Minderheit überspitzter Intellektueller, sondern hat dem ganzen Volk zu dienen, Arbeiter und Bauern miteingeschlossen.“*

Er hat auch einen Favoriten, seinen Vorgänger als Künstlerhaus-Präsident Rudolf Eisenmenger. Eisenmenger (1902–1994) hatte sich ab 1931 im nationalsozialistischen „Kampfbund für deutsche Kultur“ engagiert. *„Frei von modischen und wesensfremden Einflüssen am Aufbau und Erhaltung unserer arteigenen deutschen Kunst zu arbeiten“* war der selbst auferlegte Auftrag von Eisenmengers Kampfbund. 1938 wurde Eisenmenger Präsident des Wiener Künstlerhauses. Über Mangel an Aufträgen konnte er sich nicht beklagen. Dem Wiener Rathaus durfte er die Monumentalgemälde „Gaben der Ostmark“ und „Heimkehr der Ostmark“ verpassen, darauf junge Männer in Braunhemden mit Hakenkreuzfahnen.

Nach 1945 ging es für Rudolf Eisenmenger nur kurz abwärts. 1947 „entnazifiziert“ erhielt er sofort einen Lehrauftrag an der Technischen Hochschule, 1951 den Professorentitel und bald auch wieder schöne Aufträge.

Bei der Bewerbung für den eisernen Vorhang macht sich der neue Unterrichtsminister Heinrich Drimmel (ÖVP) für ihn stark. Im November 1954 erhält Eisenmenger bei einer Jurysitzung, an der nur Drimmels Beamte teilnehmen, den Zuschlag: Das am Vorhang prangende Motiv sind „Orpheus und Euridyke“.

Die vielleicht bissigste Kritik kommt schon am Tag nach der Opern-Eröffnung im November 1955 vom berühmten Komponisten Dimitri Schostakowitsch in einem Interview mit der Tageszeitung „Bild-Telegraf“ (Chefredakteur: Gerd Bacher): *„Der eiserne Vorhang ist schrecklich. Er sieht aus wie eine Seifenetikette in einer Parfümerie. Dabei ist Ihr Haus doch so schön.“*

Erst 43 Jahre später lässt Staatsoperndirektor Ioan Holender Eisenmengers Vorhang verdecken. Jedes Jahr gestaltet seither ein international anerkannter Künstler, ausgewählt von einer unabhängigen Jury, ein neues Werk, das jeweils eine Spielzeit lang zu sehen ist. Eisenmengers Großbild muss aber aufgrund von Bestimmungen des Bundesdenkmalamts mindestens drei Monate pro Jahr zu sehen sein.

Kapitel 12

„DESTRUKTIV, FRIVOL, ZERSETZEND"

Der nach Kriegsende einsetzende Kinoboom befeuert eine neue Schmutz- und Schund-Debatte. Die Kirche setzt sich durch. Und 30 Jahre nach dem Sturm auf Schnitzlers „Reigen" wird auch dessen Verfilmung bekämpft.

In dieser brisanten Causa greift der Unterrichtsminister selbst zur Feder. Der Film sei *„destruktiv und in sittlicher Hinsicht frivol und zersetzend"*, schreibt Felix Hurdes (ÖVP) 1951 als Antwort auf eine Anfrage des Handelsministeriums bezüglich der Einfuhrerlaubnis für die Verfilmung von Arthur Schnitzlers „Reigen" durch den deutsch-französischen Regisseur Max Ophüls. Hauptdarsteller sind Stars des französischen Kinos wie Simone Signoret, Danielle Darrieux und Daniel Gélin. Minister Hurdes beeindruckt das Staraufgebot wenig: Er schlägt seinem dafür zuständigen Ministerkollegen vor, die Einfuhrgenehmigung zu verweigern. Da nützt es auch nichts, dass der Film bei internationalen Festivals hohe Preise einheimste und sogar für den Oscar nominiert war – das ebenfalls schwarze Handelsministerium verbietet die Einfuhr.

Dennoch gelangen Kopien aus Deutschland nach Österreich und werden in mehreren Bundesländern mit großem Erfolg gespielt – das Kinowesen ist ja wie in der Ersten Republik Ländersache. Das Wiener Gartenbau-Kino, das den „Reigen" ins Programm nimmt, zählt in den ersten Wochen 50.000 Besucher.

Das Kino, geheimnisvolle dunkle Säle, die oft verschwiegene Logen bergen, erregt in den ersten Nachkriegsjahren die besondere Aufmerksamkeit der Sittenwache. Es ist schließlich der Ort der Massenunterhaltung. 120 Millionen Besucher registrieren die österreichischen Lichtspielhäuser im Jahr 1951, heute sind es fünf Millionen.

Kinoboom der 1950er-Jahre: Die Massenunterhaltung rief immer öfter Moralapostel auf den Plan.

Speerspitze im Kampf gegen angeblichen Schmutz und Schund sind wie in der Ersten Republik Kirche und Konservative. Die Katholische Jugend ruft im Februar 1948 zu einer Kampagne „Jugend will Sauberkeit" auf, um *„Ehescheidungen, Geschlechtskrankheiten, Tötung Ungeborener und Jugendkriminalität"* zu verhindern. Gefordert werden ein Jugendverbot in Tanzlokalen, Varietés und Gaststätten, Zensur von Filmen und Rundfunksendungen sowie Verkaufsverbote für *„Schmutz- und Schund-Schriften"*.

Die katholische Kirche gibt Verhaltensregeln für Jugendliche heraus, die weltfremder nicht sein könnten. Im Heftchen „Tanz, Kino, Lippenstift und Liebe", verlegt von der katholischen Schriftenmission Linz, heißt es etwa 1948 reichlich gespreizt: *„Katholisches Mädchen, denke daran, dass dir zu häufiger wahl- und kritikloser Kinobesuch das echte, reine Gold der Begeisterung für das wirklich Edle, Reine und Große in das Talmigold des Schwärmens für gefühlvolle Sinnlichkeit und in Wirklichkeit nur haltlose, unsittliche Leidenschaft umfälscht!"*

Im Kapitel Tanzen bekennen die *„katholischen Mädchen"*: *„Ich tanze nur solche Tänze, welche die herbe Feinheit und das Unberührtsein* *meines Mädchentums nicht verletzen! Ich verlasse das Tanzvergnügen, sobald ich bemerke, dass die feine Zurückhaltung der Herrenwelt durch die Tanzbodenluft gelockert wird.*"

Aber nicht nur die Kirche wird jetzt aktiv, sondern auch die Politik. An einer der ersten Großveranstaltungen der „Aktion Jugend will Sauberkeit" im Wiener Hotel Wimberger nehmen im März 1948 neben Kardinal Theodor Innitzer auch Kanzleramtsminister Erwin Altenburger (ÖVP) und überraschenderweise auch Stadtschulratspräsident Leopold Zechner (SPÖ) teil. Die Hauptrede bei dieser Versammlung hält Diözesanjugendführer Hanns Sassmann (1924–1997). Sassmann klagt, die Jugend sehe nach der Not des Kriegs den Sinn des Lebens in Tanz und Genuss: „*Schmierige Profitgier und sittlich verkommene Existenzen in Literatur, Film und Theater präsentieren den Jugendlichen die perverse Atmosphäre von Verbrechern und Dirnen als Kultur.*" Diesen „*Judassen an unserer Jugend*" müsse das Handwerk gelegt werden.

Später wird Sassmann Präsident des Zeitungs-Herausgeberverbands, er leitet bis 1994 den katholischen Styria-Verlag („Kleine Zeitung", „Die Presse", „Furche").

Bald nach der Versammlung im Wimberger beginnen die ersten Aktionen gegen Kinos. So wie 1931 bei der Aufführung von „Im Westen nichts Neues" bestürmen Demonstranten – diesmal sind es katholische – die Lichtspielhäuser. In Wien und in mehreren Bundesländern wird gegen den britischen Kriminalfilm „Der perfekte Mörder" demonstriert. Bei der Premiere von „Die Geheimnisse von Paris" im Kreuz Kino in der Wiener Wollzeile versuchen katholische Jugendliche, Besucherinnen und Besucher am Eintritt ins Foyer zu hindern. Die Vorführung findet unter Polizeischutz statt. Im Wiener Stafa-Kino im Souterrain des gleichnamigen Kaufhauses auf der Mariahilfer Straße gelingt es 75 katholischen Jugendlichen, in den Saal einzudringen. Sie skandieren „*Jugend will Sauberkeit!*" und „*Weg mit Schundfilmen ausländischer Herkunft!*". Bemerkenswerterweise sind jetzt oft auch Aktivisten der KPÖ-Jugendorganisation FÖJ unter den Demonstranten: Ihnen kommt der Protest gegen Filme aus den USA durchaus zupass – der Kalte Krieg hat schon begonnen.

Die vehementesten Angriffe auf Kinos finden in Salzburg statt, dort ereilt der Furor der Tugendwächter auch österreichische Filme. Der eher platte Streifen „Der Leberfleck", in dem die Garde der heimischen Komiker mitspielt – Rudolf Carl, Oskar Sima, Fritz Imhoff –, führt zum Sturm auf das Kino, es muss von der Polizei geräumt werden. Der Grund für die Aufregung sind Szenen, in denen Damen in Unterwäsche zu sehen sind. *„Das Gift aus der Stadt sickert langsam aufs Land"*, begründet der Führer der Katholischen Jugend Salzburg die Aktion. Jetzt gehe es *„um den Kampf gegen die Auswüchse des Antichristen"*.

Ebenfalls im November 1949 besetzen jugendliche Aktivisten während der Aufführung des Aufklärungsfilms „Vom Mädchen zur Frau" das Kino und protestieren lautstark. In den folgenden Tagen fahren Lautsprecherwagen durch die Stadt Salzburg, Sprecher warnen vor dem Film. Bei einer Demonstration der Katholischen Jugend werden Tafeln mit Slogans im Sprachduktus der NS-Zeit mitgetragen: *„Wir gehen zu Grunde! Sittenverfall ist der Volkstod"* und *„Volksseuche Unsittlichkeit"*.

Bei einer öffentlichen Versammlung, an der 1.000 Jugendliche teilnehmen, wird ein Solidaritätsschreiben von Landeshauptmann Josef Klaus verlesen. Der Salzburger Erzbischof Andreas Rohracher präsentiert bei einer Pressekonferenz einen „Offenen Brief" an Bundeskanzler Leopold Figl, in dem er *„die geduldige, schweigende Hinnahme sittenwidriger Filme und die Sendung anzüglicher Hörspiele im österreichischen Radio"* beklagt. Steuerliche Erlöse daraus seien *„Dirnenlohn"*. Dies alles erinnert an die Auseinandersetzungen in der Ersten Republik.

Die Attacken auf die Zeitschrift „Dr. Faust" ähneln frappant den Angriffen, denen der Journalist und Autor Hugo Bettauer ein Vierteljahrhundert zuvor zum Opfer gefallen ist. Das Blättchen „Dr. Faust – Zeitschrift für Probleme des Lebens" wird von einem Wiener Ehepaar und zwei Mitarbeitern in einem kleinen Redaktionsbüro in Wien-Mariahilf herausgegeben. Die Themen sind einschlägig und harmlos: Es geht um Empfängnisverhütung, Geschlechtskrankheiten oder sexuelle Probleme von Kriegsheimkehrern. *„Die sexuelle Urangst* *des Mannes*" wird abgehandelt, „*Sexualität und Suggestion*" und die „*Kameradschaftsehe*". Manchmal gibt es auch kleine Aktfotos, auf denen stark achselbehaarte Damen ästhetisiert posieren. Das Titelblatt ziert stets ein amerikanisches B-Movie-Starlet im Badeanzug.

Im Mai 1948 stürmen 15 katholische Jugendliche die Redaktion und fordern die Einstellung der Zeitschrift. Als es gelingt, sie abzudrängen, beschmieren sie das Gebäude mit Parolen. Wenige Wochen später marschieren bereits 100 junge Demonstranten vor der Redaktion auf. Die rote „Arbeiter Zeitung" spottet: „*Sich sittlich zu entrüsten, daß Fragen der Sexualität in unserem Leben eine nicht unbedeutende Rolle spielen, war bisher moralinsauren alten Jungfern beiderlei Geschlechts vorbehalten.*" Dies sei „*ein offenes Bekenntnis der SPÖ zu Pornographie und Perversität*", schlägt die ÖVP-nahe „Wiener Tageszeitung" tags darauf zurück.

Es sind dieselben Tonlagen und dieselben Frontstellungen wie in der Zwischenkriegszeit.

Jetzt verstärkt die katholische Kirche ihren Druck auf die Koalitionsregierung von ÖVP und SPÖ. Die österreichischen Bischöfe wenden sich 1949 an Bundeskanzler Leopold Figl und fordern eine Verschärfung des bestehenden Schmutz- und Schundgesetzes: „*Es ist doch merkwürdig, daß solche Schriften ungehindert gedruckt, verkauft und verbreitet werden dürfen. Was der Gesundheit schädlich ist, wird bekämpft. Daß das Gift der pornographischen Propaganda alle Sittlichkeit untergräbt, scheint man nicht zu merken.*"

Im März 1950 legt Unterrichtsminister Hurdes einen Gesetzesentwurf vor. SPÖ und KPÖ gelingt es, bei den Verhandlungen im Nationalrat einen von Tiroler ÖVP-Abgeordneten gewünschten Absatz aus dem Entwurf zu streichen, wonach selbst „*die indirekte Bejahung der Mißachtung und Untergrabung der Autorität Gottes und der irdischen Obrigkeiten*" unter das Veröffentlichungsverbot fallen sollen.

Dem Gesetz „*über die Bekämpfung unzüchtiger Veröffentlichungen und den Schutz der Jugend gegen sittliche Gefährdungen*" stimmen aber schließlich alle im Nationalrat vertretenen Parteien zu. Demnach macht sich nun strafbar, „*wer in gewinnsüchtiger Absicht unzüchtige*

Schriften, Abbildungen, Laufbilder oder andere unzüchtige Gegenstände herstellt, verlegt oder zum Zwecke der Verbreitung vorrätig hält."

In den Erläuterungen zum recht allgemein formulierten Gesetzestext wird der Begriff „unzüchtig" an einem Filmbeispiel demonstriert: Wenn nach einem Rendezvous einer verheirateten Frau mit ihrem Liebhaber dieser das Schlafzimmer mit entblößtem Oberkörper verlässt und das Bett zerwühlt sei, dann handle es sich um eine *„unzüchtige Szene"*. Das lässt den Gerichten großen Interpretationsspielraum.

Die Kirche und ihr nahestehende Organisationen feiern den Triumph und fordern Strenge im Vollzug des Gesetzes. Der Kulturreferent der Wiener Erzdiözese, Otto Mauer, mahnt dessen *„buchstabengetreue Anwendung"* ein. Später wird Otto Mauer als Gründer der Galerie nächst St. Stephan einer der großen Förderer moderner Kunst in Österreich.

Ein Jahr nach Inkrafttreten des verschärften „Schmutz- und Schundgesetzes" konstatiert die katholische Wochenzeitung „Die Furche", die meisten *„pornographischen Schriften"* seien aus den Trafiken und Kiosken verschwunden.

Der vom Unterrichtsministerium geförderte „Buchklub der Jugend", der sich bei seiner Gründung im Jahr 1948 dem Kampf gegen „Schmutz und Schund" verschrieb, ist nun eine Art Detektivbüro. Innerhalb weniger Monate werden 120 vom „Buchklub der Jugend" den Behörden gemeldete Titel mit Verbreitungsverbot belegt. Das Magazin „Dr. Faust" stellt sein Erscheinen ein. Die meisten Kleinverlage, die sich auf „Schundheftln" spezialisiert haben, geben auf.

Aber es trifft auch Weltliteratur. Der Wiener Verleger Willy Verkauf-Verlon, während der NS-Zeit Emigrant in Palästina, wird 1956 zu zwei Monaten bedingtem Kerker verurteilt, weil er „Ein französisches Hexameron" herausgibt, eine Sammlung alter französischer Novellen und Schwänke. Mit Verbreitungsverbot belegt werden auch Voltaires „Candide", das „Kamasutra" und „Die Sittengeschichte des Proletariats". Eine Barbesitzerin wird zu einer Geldstrafe verurteilt, weil sie im straßenseitigen Schaukasten Fotos tanzender Paare affichiert, *„worauf eine Tänzerin mit gespreizten Beinen und deutlich hervorgehobener, die Schamgegend bedeckender Unterkleidung"* zu sehen war, wie es in der amtlichen Begründung heißt. Ein Kellner wird verurteilt, weil er einem Gast Nacktfotos zum Preis von vier Schilling angeboten hat. In Innsbruck und Salzburg wird Nacktbaden untersagt.

Helmut Qualtinger, schon damals ein begnadeter Spaßmacher, regt in einem offenen Brief an den für das Gesetz verantwortlichen Minister Hurdes an, einfach das „u" aus dem Alphabet zu streichen, weil dieser Vokal in fast allen sittenwidrigen Wörtern enthalten sei.

1958, Hurdes ist jetzt Nationalratspräsident, kreuzen sich dessen Wege abermals mit jenen Qualtingers. Qualtinger singt in der TV-Kabarettsendung „Spiegel vorm G'sicht" Gerhard Bronners zum Evergreen gewordenes Lied „Der Papa wird's schon richten". Der Papa ist in diesem Fall Felix Hurdes, der seinem Sohn mithilfe von „guten Beziehungen" aus der Patsche half, als der einen tödlichen Autounfall verschuldete. *„Es is' nix passiert/ mein Porsche ist schon repariert,/nur leider is' mir ein Passant/ bevor er g'storb'n is' einig'rannt."* Aber: *„Der Papa wird's schon richten, der Papa wird's schon richten/, das g'hört zu seinen Pflichten, dazu is' er ja da."*

Kurz nach der Ausstrahlung der Sendung muss Hurdes zurücktreten. Das politische Kabarett, vor allem getragen von dem aus der Emigration in Palästina zurückgekehrten Gerhard Bronner, hat erstmals seine Krallen gezeigt und es erlebt bald einen neuen Höhepunkt: Qualtinger und sein Co-Autor Carl Merz machen 1961 mit ihrem Monolog „Der Herr Karl" einen Fernsehabend zur Sternstunde.

Aber der Geist der „bleiernen 1950er-Jahre" ist noch nicht gebrochen. Da die Kinos immer noch Ländersache sind, kommt es zu absurden Diskrepanzen.

So sind etwa die Hans-Moser-Filme „Der alte Sünder" (1951) und „Ober zahlen!" (1957) in Wien als „jugendfrei" eingestuft, in allen anderen Bundesländern aber mit „Jugendverbot" belegt.

In Vorarlberg, wo das Tragen eines Bikinis untersagt ist und 1962 auch das Twist-Tanzen verboten wird, werden unter Berufung auf ein Lichtspielgesetz aus dem Jahr 1927 Filme auch für Erwachsene gesperrt, obwohl sie in anderen Bundesländern aufgeführt werden. Das betrifft etwa den Historienfilm „Salome", Billy Wilders „Irma la

Douce“ und die „Reigen“-Verfilmung von Max Ophüls. Das letzte Filmverbot in Vorarlberg wird 1987 ausgesprochen.

Anderswo nimmt der Furor gegen angeblichen „Schmutz und Schund“ in der ersten Hälfte der 1960er-Jahre langsam ab. Die Kirche verringert ihr politisches Engagement, die Behörden passen ihre Entscheidungen dem sich verändernden gesellschaftlichen Klima an. In der Politik gibt es nur Rückzugsgefechte, etwa als ÖVP-Abgeordnete im Nationalrat eine Anfrage an Justizminister Christian Broda (SPÖ) *„bezüglich der laxen Handhabung der Schmutz- und Schundgesetze“* richten. Einmal noch, 1964, flackert die Debatte hoch, als das düstere Filmdrama „Das Schweigen“ des schwedischen Regisseurs Ingmar Bergman in die österreichischen Kinos kommt. Eine Masturbationsszene und die für damalige Verhältnisse recht deutliche Darstellung eines Geschlechtsakts sorgen dafür, dass in Wiener Kinos Kassenrekorde gebrochen werden. Von Pornografie im heutigen Sinn ist Bergmans schwieriges Werk weit entfernt. Die katholische Filmkommission lehnt den Film dennoch kategorisch ab, die Zeitschrift „Hören und Sehen“, herausgegeben vom Unterrichtsministerium, empfiehlt den Kinobesuch erst ab dem 25. Lebensjahr, weil der Film *„nur von reifen Menschen, vorwiegend Intellektuellen“* verstanden werden könne. In Vorarlberg wird die Aufführung von „Das Schweigen“ sofort verboten, in der Steiermark müssen vor der Zulassung einzelne Szenen herausgeschnitten werden.

Aber auch das sind nur Rückzugs-Scharmützel: Im selben Jahr 1964 wird „Schweigen“-Regisseur Bergman von den hochseriösen Salzburger Festspielen engagiert – nachhaltig ist der Skandal um seinen Film also nicht mehr. Selbst in Vorarlberg gibt es erste Lockerungsübungen. 1970 – also ein halbes Jahrhundert nach der Theaterpremiere – darf Max Ophüls' Verfilmung von Schnitzlers „Reigen“ endlich auch im Westen Österreichs gezeigt werden. Im selben Jahr besuchen Vertreter des Vorarlberger Landtags eine Vorführung von Oswald Kolles Aufklärungsfilm „Zum Beispiel Ehebruch“ und beschließen, ihn als ersten Kolle-Streifen nicht zu verbieten. Sein Film „Das Wunder der Liebe“, gedreht 1968, darf im Ländle allerdings erst 15 Jahre später gezeigt werden. Da läuft er längst schon im Fernsehen.

Kapitel 13

IN DEN KELLERN VON WIEN

Während im offiziellen Kulturbetrieb Rückschau und Prüderie herrschen, entsteht im Untergrund ganz Neues. Diesmal treiben Maler und Dichter gemeinsam die Dinge voran.

Einen Namen für ihre neue Organisation finden sie bald: FOSSILE soll der Verein heißen, beschließen dessen Gründer Karl Blecha und Konrad Bayer 1950. Der eine wird später hochrangiger SPÖ-Politiker, der andere vielversprechender Dichter, der sein Lebenslicht früh selbst ausblasen wird. Als sie FOSSILE gründen, sind Blecha und Bayer Oberstufenschüler am Döblinger Gymnasium und der Langname ihrer Neugründung ist noch etwas sperrig: „Freie Oesterreichische Sozial-Sozialistische Internationale Linke Einheit".

Aber so ist diese Zeit: Langsam lichten sich die Nebel über den Bombenruinen und in den Köpfen der Überlebenden. Und jetzt wollen sie wirklich leben.

Abends zieht es Karl „Charly" Blecha und Konrad Bayer, beide gerade 17, oft in ein soeben eröffnetes Lokal, das als heißeste Adresse der immer noch weitgehend toten Stadt gilt: in den „Strohkoffer", einen Keller unter der 1908 von Adolf Loos entworfenen American Bar im kurzen Durchgang zwischen Kärntner Straße und Seilergasse. Die Bar wird von einem draufgängerischen jungen Mann namens Max Lersch betrieben, der sie von seiner Mutter geerbt hat. Später wird Lersch mit einem Motorrad Afrika bereisen und darüber Filme drehen.

Die Wände des Strohkoffers sind mit Strohmatten behangen, wie man sie auf Baustellen verwendet, daher der Name. Die nächtlichen Tabakrauch-Schwaden haben sich in den Matten und in den kargen Möbeln festgesetzt. Als Blickfang steht ein Bösendorfer-Flügel im Keller. Gegessen werden Frankfurter Würstl mit Senf, getrunken wird reichlich, der Wein kommt in Doppelliter-Flaschen. An den

Wänden hängen Bilder von Mitgliedern des sogenannten „Art Club", der ab 1951 seinen Sitz im Strohkoffer hat. Und der macht auch dessen Zauber aus.

Kultlokal Strohkoffer (1952): Friedrich Gulda spielte Klavier, Ernst Fuchs malte und H. C. Artmann dichtete hier.

Dieser Art Club, gegründet 1947, ist eine Widerstandsorganisation gegen den immer noch von der NS-Zeit geprägten Kunstgeschmack: In ihm sammeln sich unter der künstlerischen Leitung von Professor Albert Paris Gütersloh Surrealisten, Kubisten, Phantastische Realisten und Vertreter anderer Kunstrichtungen, die während der Nazizeit durchwegs mit dem vernichtenden Siegel „entartet" vor der Öffentlichkeit verborgen oder sogar verfolgt wurden. Die erste Ausstellung gibt es im April 1947, also schon vor dem Einzug in den Strohkoffer, in der Neuen Galerie in der Grünangergasse. Gezeigt werden Arbeiten von Alfred Kubin und von dem erst 17-jährigen Ernst Fuchs. Außerdem werden Zeichnungen von Kurt Moldovan und Hans Fronius ausgestellt.

Während die kleine Schau noch weitgehend unbeachtet bleibt, gibt es die ersten Wirbel, als der Art Club bei der großen „Österreichischen Kunstausstellung" im Künstlerhaus einen Stand eröffnet. *„Hier sind Proteste und Unmutsbezeigungen des breiten Publikums am größten. Die meisten Menschen spüren hier nur das Widerliche, Perverse!"*, heißt es am Tag nach der Eröffnung in der „Österreichischen Zeitung", dem prüden Blatt der sowjetischen Besatzer.

In den folgenden Monaten entspinnt sich nun in allen weltanschaulichen Lagern eine Diskussion über diese „moderne Kunst". Der „Kurier" veröffentlicht im Dezember 1948 eine Serie von Leser-Gastkommentaren, in denen abgerechnet wird. *„Wer wagt es, die moderne Kunst einmal kritisch unter die Lupe zu nehmen?"*, fragt ein Dr. Rudolf Steinbrückl. Hofrat Wilhelm Bonczák tut dies zwei Tage später in einem weiteren Gastkommentar: *„Solche Dinge mögen für einen Psychiater hochinteressant sein, der daran den Grad der geistigen Abnormität feststellen kann. Aber man soll doch gesunde Menschen mit solchen Auswüchsen kranken Geistes verschonen."* In der Musik sei es ja nicht anders, klagt ein Leser namens Wilhelm Tutschka in seinem „Kurier"-Kommentar: *„Katzenjammernde Dissonanzen"* seien heutzutage in den Konzertsälen zu hören und wer dagegen protestiere, müsse sich auch noch beschimpfen lassen.

Im Frühjahr 1949 wird das Ringen zwischen „gesundem Volksempfinden" und moderner Kunst sogar vor Gericht ausgetragen. Das ÖVP-Organ „Volksblatt" hatte in einem Kommentar Arbeiten des Art Club als *„Unkultur in Reinkultur"* bezeichnet und gemeint, dies sei nicht *„schaffende, sondern abzuschaffende Kunst"*. Bei den Künstlern handle es sich um *„gemeingefährliche Schizophrene, die in ein Irrenhaus gehören"*.

Ein Teil dieser Kritik bezieht sich auf die Dekoration beim Art-Club-Gschnas 1949 im Konzerthaus. Sie stellt einen in kubistische Figuren aufgelösten Jüngling dar, der in normaler Stellung aufgehängt nach damaligem Empfinden als „unsittlich" empfunden werden konnte. Verkehrt aufgehängt sei aber nur eine Figur im Handstand zu erkennen gewesen, führt Albert Paris Gütersloh im Prozess aus. Er hat das „Volksblatt" namens des von ihm geführten Art Club wegen

„übler Nachrede“ geklagt. Der Jüngling sei das gesamte Gschnasfest über im Handstand, also keusch an der Wand gehangen, beteuert Gütersloh.

Der Prozess endet mit einem Vergleich, das „Volksblatt“ gibt eine Ehrenerklärung für den Art Club ab.

An der Abneigung vieler Kritiker gegen diese Kunst ändert das wenig. Als der Art Club 1950 in der Secession Arbeiten der später höchst erfolgreichen „Phantastischen Realisten“ Wolfgang Hutter und Rudolf Hausner ausstellt, heißt es im „Kurier“: *„Eine dieser sattsam bekannten abstrakten Ausstellungen, die weder ‚der gemeine Mann‘ noch der Gebildete versteht. Er kennt sich meist nicht aus.“*

1951 zieht der Art Club also in den Strohkoffer und hat dort seine große Zeit: Josef Mikl, Rudolf Hausner, Anton Lehmden, Güterslohs Sohn Wolfgang Hutter, Herbert Boeckl, Maria Lassnig, Arik Brauer, Friedrich Stowasser (später Friedensreich Hundertwasser) und Arnulf Rainer stellen Bilder aus, Joe Zawinul und Friedrich Gulda spielen vierhändig am Bösendorfer, Friedrich Cerha interpretiert auf der Violine Strawinsky – man gibt sich expressionistisch, ohne genau zu wissen, was das ist. Junge Autoren stoßen dazu: Ernst Jandl, Friederike Mayröcker, Helmut Qualtinger und eben Konrad Bayer.

Die Filmemacherin und Autorin Ida Szigethy (geb. 1933) verliebt sich in den damals 18-jährigen Konrad Bayer, ihre später niedergeschriebenen Erinnerungen geben recht treffend das damalige Lebensgefühl wieder: *„Konrad Bayer bin ich 1951 im Art Club in Wien, dem sogenannten ‚Strohkoffer‘, erstmals begegnet. Ich war noch im Gymnasium und habe versucht so oft wie möglich, in die aufregende Atmosphäre des ‚Strohkoffers‘ einzutauchen. Es war relativ kurz nach Kriegsende, Wien war zerbombt und von den Alliierten besetzt und jede Art von Kunst, Kultur, Literatur und Film für uns alle das große Abenteuer. Der Art Club war faszinierend für mich, dort habe ich alle damals noch jungen Künstler kennen gelernt, die ersten Ausstellungen gesehen, wir haben bis spät in die Nacht diskutiert, Live-Musik mit Friedrich Gulda und Joe Zawinul gehört und auch danach getanzt. Es kamen amerikanische Jazzmusiker nach ihren Konzerten und haben bis früh am Mor-*

gen gejammed. Sogar Jean Cocteau kam eines Abends. Von Konrads Gedichten war ich sofort begeistert, oft las er mir seine neuesten vor und gab sie mir quasi als Geschenk. Seine Bilder passierten ja immer im Kopf: ‚siebzehn matrosen heben ein untier an land …', ‚ich musste sterben weil ich mein lied vergass …'.
Wir besuchten H. C. Artmann in der Wohnung seiner Mutter und H. C. las uns seine neuesten Texte vor. Wir machten lange Spaziergänge der Donau entlang im Winter und kehrten für einen heißen Tee mit Rum in Gasthäusern ein, rundherum paradierten noch die russischen Soldaten. Konrad schätzte H. C. Artmann. Er begann H. C.'s Theaterstücke ‚Aufbruch nach Amsterdam' und ‚Die missglückte Luftreise' zu inszenieren. Im Park, gleich neben der Breitenseer Kirche, unter der Laterne begannen wir zu proben. Einige Male in der Woche trafen wir H. C Artmann und Gerhard Rühm im damaligen Café Glory neben der Votivkirche. Sie haben einander ihre letzten Texte vorgelesen, einander unterstützt, kritisiert und aufgemuntert, dann kamen Oswald Wiener und Friedrich Achleitner dazu."

Später heiratet Ida Szigethy den Experimentalfilmer Ferry Radax. Der an Depressionen leidende Konrad Bayer begeht 1964 Selbstmord. Ida und Ferry Radax erfahren, dass er im Leichenschauhaus in der Dresdner Straße, unweit des Pratersterns liegt: *„Eine kleine uralte verhutzelte Zwergin öffnete uns die Tür, auf unsere Frage öffnete sie ein großes dickes schwarzes Buch, fand Konrads Namen und sagte ‚Ah, der Herr war ein Dichter'."*

Der Strohkoffer hat ein Ablaufdatum. Zunächst kommt es zu einem Konflikt. Arnulf Rainer wird 1952 wegen Radikalität die formelle Aufnahme in den Art Club verweigert, was ihm das Club-Präsidium in einem Brief mitteilt: *„Bestimmend hierfür war der Gesichtspunkt, dass Du Deinen Weg im gegenwärtigen Zeitpunkt des extremen Experimentierens wohl am besten alleine gehen musst und daß Dich der Club nur belasten würde."*

Rainer, Ernst Fuchs und Maria Lassnig gründen daraufhin die „Hundsgruppe", benannt nach dem Mosaik „Cave Canem" in Pompeji.

Sie schafft allerdings nur eine einzige Ausstellung, die vor allem deshalb Aufsehen erregt, weil der 23-jährige Rainer die Vernissage für eine Publikumsbeschimpfung nützt. Später erinnert sich der Kulturjournalist Wolfgang Kudrnofsky an diesen Abend: *„Sein Gesicht war rot vor Erregung und Lampenfieber. Dann machte er den Mund auf und schrie laut: ‚Und das will ich noch hinzufügen. Wir scheißen auf euch! Ihr seid alle Arschlöcher! Ihr mit eurer verrotteten Kulturauffassung! Ich spucke auf euch.'"*

Die Kritiken der Tageszeitungen sind verheerend.

1953 verliert Max Lersch das Interesse am Strohkoffer und schließt den Keller. Der Art Club übersiedelt ins Obergeschoss des Domcafés in der Singerstraße, spaltet sich abermals und zieht in der Adebar in der Annagasse ein.

Die „Wiener Gruppe", Literaten um Gerhard Rühm, H. C. Artmann und Friedrich Achleitner, sorgt noch einmal für einen Skandal: Eine Lesung ihrer Anthologie „Hosn, Rosn, Baaa" durch den Burgschauspieler Richard Eybner im Konzerthaus muss nach massiver Empörung des Publikums abgebrochen werden.

Der Erfolgreichste dieser Literaten-Freunde ist H. C. Artmann (1921–2000). Sein Dialektband „Med ana schwoazzn dintn", erschienen 1958, wird ein Bestseller.

Deutlich mehr verdienen wenig später die ebenfalls aus dem Art Club hervorgegangenen Vertreter der „Wiener Schule des Phantastischen Realismus" Arik Brauer, Ernst Fuchs, Wolfgang Hutter, Rudolf Hausner und Anton Lehmden.

Der Art Club löst sich 1959 auf.

Erst jetzt wird bekannt, dass die lustigen Jahre im Strohkoffer womöglich mit US-Geheimdienstgeld finanziert wurden. Art-Club-Mitglied Rudolph Charles von Ripper (1905–1960) war zur allgemeinen Überraschung immer wieder mit großzügigen Spenden eingesprungen. Der aus der Emigration in den USA nach Wien zurückgekehrte von Ripper war Fremdenlegionär und hatte im spanischen Bürgerkrieg gegen Franco und im Zweiten Weltkrieg in der US-Army bei Monte Cassino gegen die deutsche Wehrmacht gekämpft. Vor seiner

Rückkehr nach Europa wurde er im US-Geheimdienst OSS ausgebildet. In Wien bekam er rasch eine Stelle als Lehrbeauftragter an der Kunstakademie.

Strohkoffer-Mäzen Rudolf von Ripper: Kam das Geld von der CIA?

Die Bemühungen des US-Geheimdienstes, Einfluss auf und Informationen aus den wenigen wieder aktiven Kulturinstitutionen zu bekommen, sind in diesen Jahren auch bei einem anderen Projekt von Erfolg gekrönt. 1954 gründet der kurz zuvor aus der Emigration in die USA nach Wien zurückgekehrte Friedrich Torberg (1908–1979) eine bald von prominenten internationalen Autoren belieferte politische Kulturzeitschrift namens „FORVM". Finanziert wird das Blatt vom „Kongress für die kulturelle Freiheit" mit Sitz in Paris, einer Tarnorganisation der CIA, die ähnliche Zeitschriften in ganz Europa unterstützt.

Torberg hat seit den in Los Angeles verbrachten Exiljahren guten Kontakt zu den US-Geheimdiensten. Er hatte ab 1943 im Auftrag des FBI seinen ebenfalls als Flüchtling an der amerikanischen Westküste lebenden linken Autorenkollegen Bertolt Brecht bespitzelt, was diesem nach dem Krieg die Vorladung vor dem „House Committee on Un-American Activities" eintrug. Verhört wurde Brecht anhand des von Torberg zusammengetragenen Materials, und das mit skurrilen Argumenten: Die Kongressabgeordneten hielten Brecht im Untersuchungsausschuss Texte vor, die er Anfang der 1930er-Jahre gegen Hitler geschrieben hatte. Seine Beteuerungen, damals habe er ja gar nicht gewusst, dass er je in den Vereinigten Staaten leben würde, die Agitationstexte seien daher logischerweise nicht auf die USA, sondern auf die Nazis gemünzt, wischten sie vom Tisch.

Brecht verließ am nächsten Tag fluchtartig die USA.

Zurück in Österreich findet Torberg in den Sozialdemokraten wichtige Unterstützer: Keine Partei ist antikommunistischer als die SPÖ, für sie ist die KPÖ direkte Konkurrenz.

ÖVP-Bundeskanzler Leopold Figl muss der KPÖ 1947 unter dem Druck der sowjetischen Besatzungsmacht in Geheimgesprächen mehr Regierungskompetenzen in Aussicht stellen, worauf die SPÖ den ohnehin nicht verwirklichten Deal als *„Figl-Fischerei"* hochspielt (der KPÖ-Verhandler ist Staatssekretär Ernst Fischer) und der ÖVP unterstellt, sie wolle demnächst wohl mit den Kommunisten koalieren.

Das SPÖ-Zentralorgan „Arbeiter Zeitung" hat die Redaktion in der Rechten Wienzeile, in der britischen Besatzungszone Wiens. Chefredakteur Oscar Pollak, 1945 aus der Emigration in England zurückgekehrt, hat beste Beziehungen zu den Briten. Darum kann er es riskieren, dass sein Reporter Franz Kreuzer (1929–2015), später ORF-Chefredakteur und Gesundheitsminister, mit einem Motorrad todesmutig durch die sowjetische Besatzungszone Ostösterreichs tourt und Übergriffe der Rotarmisten recherchiert. Die sprachliche Chiffre lautet: „Unbekannte Täter", alle wissen, wer gemeint ist.

Die „Arbeiter Zeitung" wird damit Anfang der 1950er-Jahre das auflagenstärkste Blatt des Landes.

Die Wucherungen des Stalinismus haben nach der kommunistischen Machtübernahme in Ungarn und der Tschechoslowakei auch die Grenzen Österreichs erreicht, das prägt die Stimmung. Die KPÖ darf die Besatzer nicht kritisieren, sie zerschellt daran.

Friedrich Torberg stößt in den 1950er-Jahren als einflussreicher Kulturkritiker in „Kurier" und „Presse" mit seinen aggressiven und untergriffigen Attacken gegen die Aufführung von Bertolt Brechts Stücken in Österreich also kaum auf Widerstand. Keine Bühne wagt es, sich dem Verdikt zu widersetzen. Das von Torberg besonders bekämpfte Scala-Theater in der Wiener Favoritenstraße, ein Hort der Linken, wo mitunter auch Brecht aufgeführt wird, wird 1956 kurioserweise in Kooperation von SPÖ und KPÖ geschlossen. Die Scala-Schauspieler hatten zuvor die Niederschlagung des Aufstands in Ungarn in einer Resolution kritisiert. Das empörte die KPÖ, die daraufhin alle Subventionen strich. Der Wiener SPÖ waren diese „Kummerln" in der Scala ohnehin ein Dorn im Auge.

Mit Bruno Kreisky, Staatssekretär, Außenminister und Remigrant wie er selbst, ist Torberg eng befreundet. Kreisky schreibt oft in seinem „FORVM". Weiß er von der CIA-Finanzierung? Gut möglich, aber Kreisky ist selbst ein entschlossener Antikommunist.

Als die beiden Ende der 1950er-Jahre einmal beim alten Fürsten Schwarzenberg in dessen Palais geladen sind, teilen sie zum Entsetzen des fürstlichen Waidmanns das jagdbare Wild übermütig danach ein, ob besser Rotkraut oder Preiselbeeren dazu passen.

Nach der Scheidung des Ehepaars Torberg im Jahr 1962 gehen Kreisky und Marietta Torberg eine viele Jahre währende Beziehung ein.

Kapitel 14

AKTION UND REAKTION

Die „Wiener Aktionisten" experimentieren mit dem Körper und schockieren das Publikum. Als das Projekt 1968 aus dem Ruder läuft, schlägt die Staatsmacht hart zu.

Aktionist Günter Brus 1967 im Wiener Porrhaus: Wichtig war das Geschehen, nicht das Werk.

Ordentliches Mitglied wie damals beim Art Club kann man bei den „Wiener Aktionisten" nicht werden. Es wäre auch eine Contradictio in Adjecto, würden die jungen Wilden eine Mitgliederkartei führen, einen Jahresbeitrag einheben oder gar einen Finanzreferenten beschäftigen. Die vier Hauptakteure Hermann Nitsch (1938–2022), Günter Brus (geb. 1938), Rudolf Schwarzkogler (1940–1969) und der Älteste unter ihnen, Otto Muehl (1925–2013), sind jedenfalls einigermaßen junge Herren, als sie 1962 Pinsel und Leinwand weglegen und sich einer neuen Kunstform widmen: dem Aktionismus. Sie wollen nicht mehr zeichnen, malen oder Steine behauen. Nicht das Kunstwerk ist das Produkt künstlerischen Schaffens, sondern das Geschehen, die Aktion, die Provokation. Es ist auch ein Protest gegen die neue Wirtschaftswunder-Welt: Diese „Kunstwerke" kann man nicht kaufen. Normen und Tabus werden dabei bewusst verletzt, meist ist der Körper die Projektionsfläche – der eigene oder jener des Objekts. Gearbeitet wird oft mit Blut, Urin und Kot, und das streng ritualisiert, in einem quasireligiösen Akt.

Eine der ersten Aktionen in kleinem Kreis ist im Juni 1962 die von Hermann Nitsch erdachte Performance „Die Blutorgel". Nitsch hatte schon zuvor mit Schüttbildern experimentiert. Nun lässt er sich gemeinsam mit Otto Muehl und dem Maler Adolf Frohner im Kelleratelier Mühls in der Perinetgasse in Wien-Brigittenau einmauern. Frohner stellt in dieser Klausur Objektmontagen her, Muehl Gerümpel-Plastiken und Nitsch ein Schüttbild. Zwei Tage später werden die eingemauerten Künstler und ihre Werke vor Publikum freigelegt. Anschließend machen sie sich an die Kreuzigung und Ausweidung eines toten Lamms.

Ab 1965 werden die Aktionen auch öffentlich und nicht mehr nur im privaten Rahmen aufgeführt. Im Februar dieses Jahres zeigt Rudolf Schwarzkogler sein erstes, „Hochzeit" genanntes privates Ritual mit religiösen und alchemistischen Elementen an einem mit einer weißen Tischdecke bedeckten Tisch. Auf diesem liegen ein toter Fisch, ein totes Huhn, verschiedene Tierorgane, Eier, farbige Flüssigkeiten, ein Messer und eine Schere.

Günter Brus spaziert im selben Jahr 1965 weiß gekleidet und geschminkt mit einem aufgemalten Riss durch seinen Körper in der Wiener Innenstadt: *„Ausgangspunkt meiner Wanderung war der Heldenplatz. Durch das Burgtor, an der Spanischen Hofreitschule und am Dorotheum vorbei sollte meine Route bis zum Stephansplatz führen. Was dort geschehen sollte, darüber gab ich mir keine Auskunft, zu Recht ahnend, daß bald das wachsame Auge eines Hüters der öffentlichen Ordnung das lebende Gemälde erblicken und festnehmen würde. Dies* *geschah Ecke Bräunerstraße/Stallburggasse. Ein Polizist führte mich zum Gaudium der Passanten in eine naheliegende Wachstube. Man nahm meine Personalien auf und ließ ein Taxi vorfahren*", beschreibt Günter Brus später seine Aktion „Wiener Spaziergang".

Otto Muehl agiert grenzüberschreitender – und das in jedem Sinn des Wortes. An der Kunsthochschule in Braunschweig führt er 1966 zum Honorar von 500 Mark eine „Materialaktion" durch, über die der „Spiegel" berichtet: *„Eingangs deklamierte Muehl, nackt wie stets bei solchen Anlässen, ein Gedicht, in dem er die Weihnachts-Völlerei dem Vietnam-Krieg kontrastierte. Zum Klang von Weihnachtsliedern ließ er sodann auf einem weißbezogenen Bett von einem Metzgergesellen das Schwein entleiben, bedeckte seine Partnerin mit dem Gedärm und entleerte schließlich, ungestört, über der Schweineleiche Darm und Blase."*

Muehl erklärt danach dem Publikum, er arbeite *„mit der Phantasie der Perversen, um die Milliarden pervertierten Wichtel kräftig in den Arsch zu treten"*.

Der Eklat wird zum Politikum: Der Rektor der Kunsthochschule muss sofort zurücktreten, der deutsche Innenminister Hans-Dietrich Genscher (FDP) kündigt im Bundestag an, er werde die Innenminister-Konferenz mit dem Vorfall beschäftigen. Es dürften *„bei Ereignissen dieser Art"* nicht auch noch öffentliche Gebäude benutzt werden.

Muehl will die Aktion dennoch einige Wochen später in Bremen wiederholen, aber Tierschützer entführen den zur Schlachtung vorgesehenen Hammel. Die Performance wird abgeblasen.

1967 wird die Aktionisten-Gruppe – bis dahin eine reine Herrenrunde – vom Auftritt einer Frau überrascht, die rasch viel Aufmerksamkeit erregt. Es handelt sich um die 27-jährige Linzerin Waltraud Stockinger mit dem in Versalien zu schreibenden Künstlernamen VALIE EXPORT. EXPORT stehe für das Nach-außen-Tragen ihrer Gedanken, erklärt sie. VALIE EXPORT kommt aus der „Austrian Filmmakers Cooperative", in der auch ihr Lebensgefährte Peter Weibel (1944–2023) zugange ist. In einer Aktion genannt „Aus der Mappe der Hundigkeit" führt sie Weibel an einer Leine über die Wiener Kärntner Straße, Weibel auf allen vieren. Die Aktion und ihre fassungslosen Zuseher werden natürlich gefilmt und fotografiert.

Noch mehr Aufmerksamkeit erregt 1968 die am Stachus im Zentrum von München gezeigte Performance „Tapp und Tast-Kino". VALIE EXPORT trägt eine lockige Perücke und über ihren nackten Brüsten einen Kasten mit zwei Öffnungen. Peter Weibel wirbt mit einem Megafon um Publikum und bietet Schaulustigen den kostenlosen „Besuch" dieses „Tapp und Tast-Kinos" an. Besucher dürfen zwölf Sekunden lang mit beiden Händen durch die Öffnungen die nackten Brüste der Künstlerin berühren. Sie selbst sieht ihre Aktion als *„erweitertes Kino, das Filmzuschauer mit dem konfrontiert, was im abgedunkelten Saal als normal angesehen wird: der voyeuristische Blick auf Frauenkörper"*. Die Kinoleinwand kann man in diesem Fall befühlen, es ist ein taktiles Miniaturkino. Nach der Aktion bekommt VALIE EXPORT Drohbriefe und Drohanrufe.

Nicht weniger Aufsehen erregt ihre *„Aktionshose: Genitalpanik"*, mit der sie ebenfalls in München auftritt. Die Lederhose ist im Genitalbereich ausgeschnitten, sie sitzt mit gespreizten Beinen auf einer Bank, ein Maschinengewehr in der Hand. Das Maschinengewehr – Inbegriff aggressiver Männlichkeit – soll in diesem Fall den voyeuristischen Blick brechen. Die *„Aktionshose: Genitalpanik"* erscheint höchst erfolgreich als Poster und Fotoserie.

Die Universitäten, auch jene von Wien, sind in diesen Jahren, in denen anderswo Studentenrevolten hochflackern, fest in der Hand der Konservativen. Bei den ÖH-Wahlen 1967 fährt die der ÖVP und dem Cartellverband (CV) nahestehende „Österreichische Studenten Union" (ÖSU) mit 49 Prozent eine haushohe Mehrheit ein, auf Platz zwei landet der von schlagenden Burschenschaftern dominierte „Ring Freiheitlicher Studenten" (RFS) mit 30 Prozent. Der „Verband Sozialistischer Studenten" ist mit bescheidenen 13 Prozent die einzige linke Studentenpartei von nennenswerter Größe (einige Prozent entfallen auf verschiedene Institutsgruppen).

Der SÖS (Sozialistischer Österreichischer Studentenbund) hat gar nicht kandidiert, er ist der Zusammenschluss einiger Linker ohne Kontakt zur SPÖ. Dennoch wird wegen einer einzigen Veranstaltung bis heute an diese an sich bedeutungslose Studentenpartei erinnert:

das Teach-in „Kunst und Revolution" im Hörsaal 1 des Neuen Institutsgebäudes der Wiener Universität am 7. Juni 1968. Der SÖS hat wenig mit der Veranstaltung zu tun, erst kurz zuvor gegründet, stellt er wegen der Saalmiete seinen Namen zur Verfügung.

Den Rest besorgen die Aktionisten.

Nach einem kurzen Einleitungsstatement eines SÖS-Funktionärs zum etwas spröden Thema *„Stellung, Möglichkeiten und Funktionen der Kunst in der spätkapitalistischen Gesellschaft"* hält Otto Muehl eine Hassrede auf den tags zuvor ermordeten Robert Kennedy, Oswald Wiener doziert über *„Sprache und Denken"*. Peter Weibel liest einen aktionistischen Text über Finanzminister Stephan Koren, wobei VALIE EXPORT auf die Kommandos „Aus" und „Ein" das Mikrofon entsprechend bedient, was im Saal für einige Unruhe sorgt.

Parallel zu den Vorträgen schneidet sich Günter Brus mit einem Rasiermesser in Brust und Oberschenkel, uriniert in ein Glas und trinkt daraus. Anschließend beschmiert er sich mit seinem eigenen Kot, masturbiert und singt dabei die Bundeshymne.

Otto Muehl peitscht inzwischen einen durch Vermummung unkenntlich gemachten Masochisten (es ist ein späterer Redakteur der „Presse").

Niemand weiß, dass auch ein Tageszeitungsjournalist im Saal ist: Michael Jeannée vom 1971 mit der „Kronen Zeitung" fusionierten „Express". Er prägt den Begriff „Uni-Ferkelei" und hat mangels anwesender Reporterkollegen ein Berichtsmonopol über die Veranstaltung, das er weidlich nützt. Das Teach-in „Kunst und Revolution" wird so zum großen Skandalereignis der 60er-Jahre.

Der SÖS beschließt zerknirscht seine Selbstauflösung.

Otto Muehl, Günter Brus und Oswald Wiener werden angezeigt und wenige Tage nach dem Eklat im Hörsaal 1 in Untersuchungshaft genommen. Zwei Monate später findet in Wien der großes Aufsehen erregende Schwurgerichtsprozess statt. Oswald Wiener wird freigesprochen, Muehl wegen Körperverletzung zu vier Wochen Haft verurteilt, Brus zu sechs Monaten strengem Arrest wegen „Herabwürdigung österreichischer Symbole" und „Verletzung der Sittlichkeit und Schamhaftigkeit".

Da Brus der Pass nicht abgenommen wird, flüchtet er nach Berlin. Auch Oswald Wiener verlässt Wien. Brus kehrt 1976 nach Österreich zurück, als Bundespräsident Rudolf Kirchschläger die Haft- in eine Geldstrafe umwandelt.

Peter Weibel sieht später als Hochschullehrer in Österreich und Deutschland trotz der harten Strafen für die Akteure Sinn in der Aktion im Hörsaal 1: *„Es ist damals der Weg für andere Formen der Radikalität geöffnet worden. Die Österreicher mußten sich nun damit beschäftigen, was sie verdrängt hatten. Es gäbe ohne uns keinen Thomas Bernhard, keine Elfriede Jelinek. Das Burgtheater hätte sich nicht getraut, sie zu spielen."*

Das Klima in Österreich schlägt nach der Aufregung wegen der „Uni-Ferkelei" vorübergehend um. Innenminister Franz Soronics (ÖVP) droht ausländischen Studenten mit der Abschiebung, obwohl im Hörsaal 1 nur Österreicher zugange waren. Die Polizei löst im Sommer 1968 den „Griechischen Studentenverein" auf, weil dieser öffentlich gegen die Militärdiktatoren in Griechenland protestiert hat. Der griechische Botschafter in Wien reagiert erfreut. Fritz Teufel, der bekannte Berliner Kommunarde, wird bei einem Wienbesuch festgenommen und nach Deutschland abgeschoben.

VALIE EXPORT und Peter Weibel werden wegen der Herausgabe der Kunstmonografie „Bildkompendium Wiener Aktionismus und Film" zu einem Monat Kerker bedingt verurteilt. VALIE EXPORT wird das Sorgerecht für ihre Tochter entzogen.

Der Artikel „Die Kirche und die Sexualität" in der Zeitung des „Verbands Sozialistischer Mittelschüler" (VSM), einer SPÖ-Organisation, führt zu einer Anklage gegen den Verfasser Leander Kaiser, damals 21. Neben dem Text wird auch die Abbildung *„zweier unbekleideter Personen männlichen und weiblichen Geschlechts in Geschlechtsverkehrpose"* inkriminiert, die geeignet sei, *„die sittliche und gesundheitliche Entwicklung jugendlicher Personen durch Reizung zur Lüsternheit oder Irreleitung des Geschlechtstriebs zu gefährden"*, so die Staatsanwaltschaft.

Leander Kaiser, Kunststudent bei Max Weiler, wird zu vier Monaten bedingter Haft verurteilt. Er wird später ein angesehener Maler mit Ausstellungen in großen Galerien.

Peter Weibel und VALIE EXPORT 1971 vor Gericht: Ein Monat Haft bedingt für die Herausgabe eines Kompendiums über den Aktionismus

Die weiteren Laufbahnen der zentralen Akteure sind vielfältig. Hermann Nitsch wird ein auch international anerkannter Künstler. In seinem Schloss in Prinzendorf im niederösterreichischen Weinviertel führt er mit Amateuren in regelmäßigen Abständen sein „Orgien-Mysterien-Theater“ auf, gegen das ebenso regelmäßig von katholischen Aktivisten und FPÖ-Politikern demonstriert wird. Die größte Demonstration gibt es Mitte der 1990er-Jahre. Angeführt wird sie vom niederösterreichischen FPÖ-Landesrat Hans Jörg Schimanek und von „Pornojäger“ Martin Humer, einem religiösen Eiferer und Holocaust-Leugner. Landeshauptmann Erwin Pröll (ÖVP) lehnt die Forderung nach Verbot von Nitschs Aktion kategorisch ab und bricht damit radikal mit dem konservativen Kulturpolitik-Kurs seiner Partei. Die Folge sind Drohanrufe und Parteiaustritte.

Aber das Klima hat sich auch in Niederösterreich geändert. Erwin Pröll fährt seiner Partei danach bei Landtagswahlen dreimal in Folge eine absolute Mehrheit ein. 2007 unterstützt er die Einrichtung eines Nitsch-Museums in Mistelbach. Die Proteste dagegen sind da schon überschaubar. Nitschs Arbeiten werden heute in allen großen Museen Österreichs gezeigt, beim Verkauf erzielen sie Höchstpreise.

Otto Muehl gründet eine sektenartige Kommune mit Sitz in der Wiener Praterstraße, die 1972 auf den burgenländischen Friedrichshof übersiedelt. In der Kommune herrscht eine Art Aktionstheater in Permanenz. Mitglieder berichten später von unerträglichem Psychoterror und erniedrigenden Machtspielen Mühls. Ständige sexuelle Verfügbarkeit aller weiblichen Mitglieder ist Vorschrift, sexuelle Kontakte außerhalb der Kommune sind verboten. Wegen Nötigung und Vergewaltigung von Kindern wird Muehl 1991 zu sechseinhalb Jahren Haft verurteilt. Nach der Verbüßung der Strafe wandert er mit einigen treuen Anhängern nach Portugal aus, er stirbt dort 2013 im Alter von 88 Jahren. Auch seine Bilder werden heute zu hohen Preisen gehandelt.

VALIE EXPORT wird nach 1968 zu zahlreichen Kunstausstellungen geladen, 1977 ist sie bei der Documenta in Kassel, 1980 vertritt sie gemeinsam mit Maria Lassnig Österreich bei der Biennale in Venedig. 1989 wird sie für drei Jahre Professorin an der University of Wisconsin, ab 1995 unterrichtet sie an der Kunsthochschule München. Ihren Vorlass beherbergt das Lentos-Museum in ihrer Geburtsstadt Linz.

Günter Brus gibt in seinem Berliner Exil den Aktionismus auf und konzentriert sich auf Zeichnungen. Er ist dreimal bei der Documenta vertreten. 1996 bekommt er den Österreichischen Staatspreis für Bildende Kunst verliehen. Seine Arbeiten sind im BRUSEUM in seiner Heimatstadt Graz gesammelt.

Günter Brus' Ehefrau erzählte 2018 in einem Zeitungsinterview, dass die wilden Aktionisten im Alltag oft eher gehemmt waren. Bei der Aktion „Hochzeit" von Rudolf Schwarzkogler habe sie nur deshalb mitgemacht, weil Schwarzkoglers Freundin niemals bereit gewesen wäre, ihre Brüste zu zeigen, und der Aktionist zu schüchtern war, um sie danach zu fragen. In einer Apotheke habe sie einmal 40 Präservative für eine Aktion von Hermann Nitsch besorgt, weil Nitsch sich nicht getraut habe, sie selbst zu kaufen.

Sehr österreichisch endet 1968 noch ein anderer *„Kunstskandal, wie ihn Wien noch nie erlebt hat"* (Michael Jeannée in der „Kronen Zeitung"). Der bereits arrivierte Maler Friedensreich Hundertwasser hält bei der Eröffnung einer Ausstellung seiner Werke im neuen Studentenheim „Haus Döbling" in der Billrothstraße in Anwesenheit von Kulturstadträtin Gertrude Sandner (später Fröhlich-Sandner; SPÖ) die Einführungsrede und wirft noch vor deren Beginn zwei Eier an die Wand – eines gefüllt mit schwarzer, ein anderes mit roter Farbe. Die Stadträtin bekommt einiges davon ab.

Danach beginnt sich Hundertwasser zu entkleiden und hält schließlich splitternackt eine Rede, die er mit dem Satz einleitet: *„Dieses Haus ist das größte Scheißhaus, in dem ich je gewesen bin, und ihr Studenten müßt in diesem Gefängnis studieren."* Die Stadträtin verlässt daraufhin fluchtartig den Saal.

In allen Zeitungen wird tagelang über Hundertwassers Aktion diskutiert. Offenbar von schlechtem Gewissen gegenüber der mütterlichen Politikerin geplagt kreuzt der Maler wenig später mit einem Blumenstrauß im Wiener Rathaus auf und entschuldigt sich. Gertrude Sandner beteuert, dem Maler nicht böse zu sein und ihm nichts nachzutragen. 15 Jahre später, 1983, gestaltet Hundertwasser gemeinsam mit dem Architekten Josef Krawina einen kleinen Gemeindebau in Wien-Landstraße, das Hundertwasserhaus, heute eine der Touristenattraktionen der Stadt.

Kapitel 15

DIE WIEDERENTDECKUNG DER HEIMAT

Die 1970er-Jahre als Zeitenwende: Erstmals gibt es im Nationalrat eine Mehrheit links der Mitte, die Literatur wird wieder politisch und beschäftigt sogar das Parlament. Interview: Peter Turrini über die „Alpensaga".

Franz Muxeneder und Helmut Qualtinger in der „Alpensaga": Der Bauernbund sabotierte die Dreharbeiten.

Peter Turrini beschreibt den Übergang von den Jahren des Aktionismus in das Jahrzehnt der Rückkehr der Literatur zum Politischen so: *„Über all die Grausamkeiten des Faschismus ist in den 1950er-Jahren ein touristischer Vorhang gezogen worden, jetzt war alles wieder schön. Niemand war ein Nazi, der Stahlhelm wurde durch den Trachtenhut ersetzt. Eine ganze Nation hat sich in ein freundliches Gasthaus ohne Vorgeschichte verwandelt. Das war ein Impuls für eine ganze Künstlergeneration. Die Aktionskunst hat als radikalste Form diesen Vorhang angepinkelt. Wir haben es literarisch gemacht, wir wollten den Vorhang lüften und zeigen, was dahinter ist. Mein erstes Stück, ‚Rozznjogd', war noch sehr vom Aktionismus beeinflusst."*

Die „Rozznjogd", uraufgeführt 1971 im Wiener Volkstheater, ist ein Stück, das für eine Epoche steht. Turrinis Erklärung zur Premiere klingt noch aktionistisch: *„Der Ursprung des Theaters kommt von Blut und Sperma. Die sollten ruhig wieder ihren richtigen Platz kriegen, denn im Grunde haben die Leute diese Säfte ja gern."*

Im Einakter „Rozzjogd" trifft sich ein Paar zum Rendezvous auf einer Müllhalde. Er hat hier schon oft Ratten gejagt, sie hat sich für das falsch eingeschätzte Treffen herausgeputzt, er will demaskieren. Im Programmheft heißt es: *„Alles Unechte, alles Unnötige wird abmontiert und landet auf dem Misthaufen: Haarteile, falsche Wimpern und Zähne. Schminkzeug, Pornohefte und Geldbörsen. Pille und Präservativ. Sein Abfall gegen ihren Abfall. Bis sie einander nackt gegenüberstehen."* Und dann fallen zwei Schüsse und zwei Menschen.

Peter Turrini hat das Stück 1967 geschrieben, da war er 23. Ein Jahr zuvor war in Frankfurt Peter Handkes Stück „Publikumsbeschimpfung" unter der Regie von Claus Peymann uraufgeführt worden. Wie für den Aktionismus nicht mehr das Kunstwerk, sondern das Geschehen das Ziel künstlerischen Schaffens ist, steht bei der „Publikumsbeschimpfung" keine Handlung, sondern die Spannung zwischen Schauspielern und Publikum im Mittelpunkt. *„Sie werden kein Schauspiel sehen, Ihre Schaulust wird nicht befriedigt werden. Sie werden kein Spiel sehen, hier wird nicht gespielt werden."* So beginnt die „Publikumsbeschimpfung" und sie endet damit, dass die Schauspieler dem Publikum unter Anspielung auf die damals erst 20 Jahre zurückliegenden NS-Zeit die Worte *„ihr Gauner, ihr Schrumpfgermanen, ihr Ohrfeigengesichter, ihr Kriegstreiber, ihr Untermenschen“* entgegenschleudern.

Einige Zuschauer reagierten betroffen, andere amüsiert, es gab Pfiffe, eine Gruppe Empörter versuchte, die Bühne zu stürmen, und wurde von Claus Peymann persönlich niedergerungen.

Das Konzept, die Provokation, war aufgegangen, die „Publikumsbeschimpfung“ wurde bald in vielen Theatern ins Programm genommen. Als das Stück 1967 auch in Wien aufgeführt wurde, blieben die Rezensenten distanziert. *„So konsequent hat den Gag noch niemand ausgenützt, aus der scheinbaren Negierung des Theatralischen Theaterwirkung zu ziehen“*, schrieb der angesehene Kritiker Hans Heinz Hahnl in der „Arbeiter Zeitung“.

Peter Turrinis „Rozznjogd“ wird 1971 nicht wütend ausgepfiffen, wie dies Volkstheater-Direktor Gustav Manker erwartet hatte, sondern von einem überraschend großen Teil des Publikums gefeiert. Irritationen im Saal gibt es nur bei der Schlussszene, als zwei Männer auf der Müllhalde auf Rattenjagd gehen und die Scheinwerfer während ihrer Schüsse über das Publikum streichen.

Die beiden Hauptdarsteller der Premiere, Dolores Schmidinger und Franz Morak, der spätere Kultur-Staatssekretär (ÖVP), bekommen ausgezeichnete Kritiken. 1972 wird die „Rozznjogd“ im Rahmen der Wiener Festwochen eindrucksvoll auf einem Autofriedhof am Stadtrand inszeniert.

Am Premierenabend der „Rozznjogd“ im Volkstheater wird auch ein zweiter Einakter aufgeführt, Wilhelm Pevnys „Sprintorgasmik“, ein noch viel stärker vom Aktionismus beeinflusstes avantgardistisches Körpertheater: Metalltonnen, Kletterstangen, herausfordernde Licht- und Toneffekte. Die Folge sind Tumulte im Publikum, die von ORF-Fernsehspielchef Walter Davy angeführt werden. Der schwingt drohend seine Krücken in Richtung Bühne, das Publikum verlässt protestierend den Saal. Walter Davy spielt später einen beliebten Kieberer in der Serie „Kottan ermittelt“.

Aber der Wirbel ist kein Misserfolg für das Volkstheater. Gustav Manker hat solche Reaktionen wohl einkalkuliert, als er sich 1968 nach Übernahme der Direktion entschloss, Stücke interessanter junger Autoren aufzuführen. Gleich der erste Versuch gelang: Wolfgang Bauers Stück „Change“ lief 28-mal vor ausverkauftem Haus. Und nun also Turrini und Pevny.

Konservative Blätter und bürgerliches Publikum können sich mit diesem „neuen Theater“ nicht abfinden. Nach der Aufführung der „Rozznjogd“ in den Salzburger Kammerspielen heißt es etwa im „Salzburger Volksblatt“: *„Was vielleicht durchscheinen soll – der Reinheits- und Vollkommenheitsanspruch der Jugend in einer seelenlosen Zeit – geht bei Turrini in ordinärer Sprache verloren. Abgeklärte Reife kann man bei ihm nicht erwarten.“*

Aber in den Nach-68er-Jahren wird kein *„Reinheits- und Vollkommenheitsanspruch der Jugend“* mehr beschworen, diese Zeiten sind vorbei, auch wenn Wien oder gar andere österreichische Städte 1968 keine Hotspots der Revolte waren. Die Post ging in Paris und Berlin ab, in amerikanischen Metropolen wurde machtvoll gegen Rassisten und Kriegstreiber demonstriert.

Wien blieb ruhig. Ein Störmanöver einiger SPÖ-Studenten gegen ein Schnadahüpfl-Event ihrer Partei am Nachmittag des 1. Mai am Wiener Rathausplatz (sie wurden schleunigst von der Polizei abgeführt) gilt seither als zweiter Höhepunkt des Wiener Revolutionsjahrs – natürlich nach der legendären „Uni-Ferkelei“. Kleine Rangeleien gab es noch im Oktober 1968 an der Wiener Uni, als linke Studenten die Inauguration des neuen Rektors störten, bis sie von einer Burschenschafter-Phalanx verjagt wurden. Einigen Linken wurde danach vom Rektorat mit dem Verweis von der Universität gedroht.

„Wien, Mai ’68: Eine heiße Viertelstunde“ ist der bezeichnende Titel eines Sachbuchs über dieses Jahr, „Die zahme Revolution“ heißt ein anderes (siehe Literaturverzeichnis im Anhang).

Aber dennoch ist der Aufstand ein Erfolg: Es wird jetzt endlich über Dinge nachgedacht, über die noch nicht wirklich ernsthaft nachgedacht wurde: Sollten Frauen vielleicht doch mehr Rechte haben? Sind Schwule Kriminelle, die hinter Gitter gehören? Ist Nacktheit Sünde? Darf man über die Nazizeit reden?

Ein, zwei Jahre nach '68 sprießen in der Literatur damals gelegte Saaten. In Graz blüht die bereits gut eingeführte Literaturzeitschrift „Manuskripte", in Wien bildet sich um die Autoren Robert Schindel und Gustav Ernst das Projekt „Hundsblume", Peter Henisch und Helmut Zenker gründen die bis heute publizierende Literaturzeitschrift „Wespennest".

Das Thema der Zeit ist die Sozialkritik. Jetzt wird oft Brecht gespielt. Die „Schmetterlinge" um Willi Resetarits führen mit großem Erfolg Heinz Rudolf Ungers historische Revue „Proletenpassion" auf, eine Art Klassenkampf-Musical, in dem Geschichte von unten erzählt wird – von den Bauernkriegen bis in die Gegenwart.

Die neue Prosa handelt vom Leben einfacher Leute, meist vom Leben der Autoren. Der Waldviertler Gernot Wolfgruber (geb. 1944) erzählt von jungen Arbeitern in der Provinz und von deren Problemen auf der Suche nach einem Leben. Sein Roman „Herrenjahre" wird von Axel Corti verfilmt, Autor und Regisseur erhalten dafür den renommierten Grimme-Preis.

Auch Franz Innerhofer (1944–2002) schreibt Autobiografisches, er kommt aus einer völlig anderen, noch unbarmherzigeren Welt. Innerhofer erinnert sich daran, wie es war, in den frühen 1950er-Jahren als unehelicher Sohn einer Magd auf einem Bergbauernhof im Salzburger Pinzgau aufzuwachsen. Sein Roman „Schöne Tage", erschienen 1974, wird von Kritikern hoch gelobt und im Auftrag des ORF verfilmt.

Wolfgruber und Innerhofer schreiben „Anti-Heimatromane", sie sind die Antithese zur heimatbesoffenen Literatur des Austrofaschismus, die auch in der NS-Zeit und in Nachkriegsösterreich Triumphe gefeiert hat.

Der Höhepunkt dieser „Gegenbewegung" ist die Fernsehserie „Alpensaga" von Peter Turrini und Wilhelm Pevny. Die beiden Autoren erzählen in den Drehbüchern über eine Bauernfamilie und ein bäuerliches Dorf in Oberösterreich in der dramatischen ersten Hälfte des 20. Jahrhunderts – weit abseits jener falschen Klischees, mit denen die Heimatbeschreiber des Ständestaats arbeiteten. Unter der Regie von Dieter Berner werden zwischen 1976 und 1980 sechs Folgen der „Alpensaga“ in Spielfilmlänge gedreht, es ist eines der größten Projekte des noch jungen ORF. Aber schon vor Beginn der Dreharbeiten formiert sich Widerstand. Er kommt in diesem Fall vom ÖVP-Bauernbund, in dessen Blatt „Der Bauernbündler“ es schon vor Beginn der Dreharbeiten drohend heißt: *„Die Bauern als Berufsstand und Christen werden sich von Kommunarden auf Kosten der österreichischen Steuerzahler nicht tatenlos provozieren lassen.“*

Im folgenden Interview erzählt Peter Turrini selbst die Entstehungsgeschichte dieser legendären Serie.

„Der Konflikt war die ständige Begleitmusik“

Wer hatte die Idee zur „Alpensaga“?

Turrini: Der Anstoß zur „Alpensaga“ kam von Kuno Knöbl, er war damals als Hauptabteilungsleiter zuständig für das Fernsehspiel im ORF und auf der Suche nach mehr Realismus. Sein Stellvertreter und Nachfolger war Gerald Szyszkowitz, ein bürgerlicher Mensch, aber mit großer Neugier ausgestattet. Knöbls Idee ist dann an Wilhelm Pevny und mich herangetragen worden. Wir hatten die Sehnsucht, in Österreich etwas gesellschaftlich zu verändern, und uns war klar, dass wir das allein mit unseren Theaterstücken nicht schaffen würden. Der ORF erreichte ein Millionenpublikum, die Stücke von Wolfgang Bauer, Peter Handke und auch von mir schlugen Wellen – aber nur innerhalb der Theaterwelt. Vier Prozent der Bevölkerung gingen ins Theater, aber 50 Prozent saßen damals vor dem Fernsehapparat. Der Rückzug ins rein Literarische stand für uns nicht mehr am Programm, wir wollten nicht Bewohner des Elfenbeinturms sein.

Bemerkenswert, dass das Projekt in der Ära Bacher verwirklicht werden konnte. Bacher war professionell, aber kein Freund der Linken. Wie habt ihr ihn überzeugt?

Turrini: Pevny und ich haben ein Ideenpapier für eine Serie über die Geschichte des österreichischen Bauernstands konzipiert. Generalin-

Peter Turrini mit Autor Herbert Lackner

tendant Gerd Bacher hat mir daraufhin einen Brief geschrieben, dessen Inhalt sinngemäß lautete: Warum glauben Sie Kommunist, dass Sie in meinen ORF kommen? Ich schrieb sinngemäß zurück: Warum glauben Sie Faschist, dass der ORF Ihnen gehört? Er hat mich dann angerufen und gesagt: „Entweder Sie sind ein Vollidiot oder Sie haben wirklich was drauf. Ich schlage vor: Treffen wir uns." Wir haben uns dann in der Wohnung eines ORF-Redakteurs getroffen und ich habe Bacher ein paar bereits geschriebene Szenen vorgelesen. Er hat gesagt, das sei sehr gut, Kommunisten blieben zwar Kommunisten, aber er mache es trotzdem. Das hat so ja nicht gestimmt: Ich war nie Mitglied der KPÖ, habe aber öfter mit Elfriede Jelinek und anderen linken Erscheinungen am „Volksstimme"-Fest gelesen.

Die „Alpensaga" bestand aus sechs Folgen in Spielfilmlänge, mit aufwendigen Außenaufnahmen. Wie wurde das finanziert?

Turrini: Erst mit dem Einstieg des ZDF ist alles konkret geworden. Fernsehdirektor Helmut Zilk hat die Leute vom ZDF in ein Hotel in Graz geladen und Pevny und ich haben dort einige „Alpensaga"-Texte vorgelesen. Die Deutschen, die den österreichischen Dialekt kaum verstanden haben, hielten das für Folklore und Zilk hat ihnen klargemacht, dass sie 90 Prozent der Produktionskosten bezahlen müssen. Sie haben zugestimmt. Generalintendant Gerd Bacher wollte sich absichern und hat uns namhafte Historiker zur Seite gestellt. Das war uns sehr recht. Wir mussten ja viele Details erst recherchieren, auch ganz Alltägliches: Wo hat wer auf einem Bauernhof geschlafen? Wie waren die Verhältnisse zwischen den Geschlechtern? Dort haben ja bis zu 30 Personen gewohnt.

Wie ist die Serie vom Publikum aufgenommen worden? Es gab ja schon vor der ersten Sendung einigen Wirbel.

Turrini: Diese erste Folge konnte mit beträchtlichem Budget gedreht werden, Dieter Berner hat Regie geführt, mit Leidenschaft für realistische Details, Xaver Schwarzenberger war ein großartiger Kameramann, er hat wahre Landschaftsgemälde geschaffen. Wir hatten auch die besten Schauspieler, die damals für ein solches Projekt infrage kamen: Helmut Qualtinger, Otto Tausig, Karl Paryla, Ernst Meister, Judith Holzmeister, Linde Prelog, später auch Lukas Resetarits. Gleich diese erste Folge hatte höhere Einschaltzahlen als die Peter-Alexander-Show. Die „Alpensaga" war ein Straßenfeger. Die hohen Quoten waren natürlich auch eine Folge des Wirbels, der schon vor Beginn der Dreharbeiten eingesetzt hat. Es ist ja sogar verbreitet worden, Otto Muehl würde in der „Alpensaga" einen Pfarrer spielen. Dabei waren damals die Drehbücher noch nicht einmal fertig. Unser Hauptgegner war der ÖVP-Bauernbund mit seiner Zeitung „Der Bauernbündler". Wir hatten dadurch zunehmend große Probleme, Drehgenehmigungen zu bekommen. Die Bauernbundfunktionäre sind ja zu den Höfen gegangen und haben den Leuten gesagt: „Laßt diese Filmleute ja nicht herein!" In den beiden Ortschaften, in denen gedreht wurde, Sankt Peter am Wimberg und Hellmonsödt, beide in Oberösterreich, haben die Ortsansässigen mehrheitlich zu uns gehalten. Die Leute haben gesagt: *„Jetzt laßt sie doch einmal machen!"* Aber der Konflikt war die ständige Begleitmusik.

Wie ist es dann mit den Dreharbeiten weitergegangen?

Turrini: Die große Krise kam, als die katholische Kirche beschloss, uns nicht mehr in die Kirche von St. Peter am Wimberg zu lassen, obwohl schon die Hälfte der Szenen dort gedreht worden ist. Wir konnten einfach nicht mehr weitermachen. Ich habe dann erfolglos versucht, mit dem Pfarrgemeinderat zu reden, der blieb hart. Danach ist es mir sehr schlecht gegangen. Ich hab mich gefühlt wie in meiner Kindheit in Maria Saal: Das Dorf bestimmt mein Schicksal. Ich war eine Zeit lang gar nicht arbeitsfähig. Die Leute vom ZDF fanden das völlig irre und haben ein Extrabudget lockergemacht. Damit wurde die Kirche aus Sperrholz nachgebaut, auf evangelischem Kirchengrund. Ab Folge drei wurde dann in dieser Sperrholz-Kirche gedreht.

Was hatte der Bauernbund gegen die „Alpensaga"? Mit dem Bauernstand wird darin ja sympathisierend umgegangen.

Turrini: Der Kern der Auseinandersetzung mit dem Bauernbund war dessen Überzeugung: Wie Bauern auszusehen haben – politisch wie ästhetisch –, das bestimmen wir, das steht denen nicht zu. Man fürchtete um die Hegemonie der bäuerlichen Darstellung. Die Funktionäre wurden bleich vor Schreck beim Gedanken, dass einmal jemand anderer von *ihren* Bauern erzählt. Einmal hat der Bauernbund sogar vorgeschlagen, von ihm gestellte Leute sollten bei unseren Drehbüchern mitschreiben. Die wollten so eine Art sozialpartnerschaftliches Autorengremium.

Hat man euch faktische Irrtümer nachgewiesen?

Turrini: Nein, wir haben mithilfe der Historiker ohnehin ganz genau hingeschaut, vieles wussten wir ja auch nicht. Wir haben uns zum Beispiel gefragt, warum so viele Bauern von Hitler begeistert waren. Bei der Arbeit an der „Alpensaga" haben wir gelernt, dass der Grund die von den Nazis eingeführte Erbhof-Regelung war. Nach dem Ersten Weltkrieg sind viele Bauern zugrunde gegangen und die Höfe wurden verlassen. Die Nazis haben verfügt, dass ein verlassener Hof notfalls vom Staat übernommen und weiterverpachtet wird. Dass sie den Höfen kriegsbedingt zwei Jahre später das Vieh aus dem Stall getrieben haben, ist wieder eine andere Geschichte.

Allein die Dreharbeiten für die sechs Folgen der „Alpensaga" dauerten vier Jahre. Wie viel Zeit habt ihr insgesamt in dieses Projekt investiert?

Turrini: Willy Pevny und ich haben sechs oder sieben Jahre an der „Alpensaga" gearbeitet und es war ein schönes Beispiel für die Zusammenarbeit von zwei Autoren mit divergierenden Talenten. Er konnte das eine besser, ich das andere. Wir haben oft endlos über einzelne Sätze diskutiert. Es hat sich ausgezahlt: Die „Alpensaga"-Serie ist vielfach ausgezeichnet worden, der ORF hat auf zahlreichen internationalen Festivals Preise eingeheimst und wurde überall für seine Fortschrittlichkeit gelobt. Die Trophäen stehen immer noch am Küniglberg.

Dann folgte ein ähnliches Projekt, bei dem die Wogen nicht mehr so hoch gingen, Wirbel gab es dennoch. Offenbar versuchte diesmal die SPÖ einzugreifen, die „Arbeitersaga" spielt ja in Wien.

Turrini: Mitte der 1980er-Jahre habe ich mit Rudi Palla diese „Arbeitersaga" geschrieben und wir haben gedacht, wir können uns die Begleitmusik, wie wir sie bei der „Alpensaga" erlebt haben, ersparen, aber das war ein Irrtum. Es gab zwar keine direkten Interventionen, aber der ORF schickte uns diesmal Justiziare, die uns sagten, was man machen durfte und was nicht – es war die Methode der Nahelegung. Sie ist eine sehr österreichische Form der Zensur: „Seid's doch g'scheit, um was wird das denn schlechter, wenn man diese Stelle jetzt streicht?" Heute wird diese „Zensur durch Nahelegung" angeblich noch viel öfter angewendet als damals. Aber durch diese zwei Ausflüge ins Fernsehen habe ich dieses Land für mich bewohnbarer gemacht. Ich habe viel über das Land gelernt und habe das Gefühl bekommen: Ich muss nicht abhauen, wie ich es in meinem Leben manchmal gemacht habe. Ich gehöre dazu und kann mitbestimmen, was über dieses Land erzählt wird.

Kapitel 16

EIN STÜCK DES WEGES

Zeitenwende auch in der Politik: Bruno Kreisky wird der erste rote Kanzler und verordnet seiner eigenen Partei mehr Sinn für Kunst und Wissenschaft. Auch in ÖVP und FPÖ gibt es zunehmend mehr Offenheit.

Stardirigent Leonard Bernstein mit Freund Bruno Kreisky (1978): Der Kanzler wollte auch die eigene Partei zu mehr Kultur bekehren.

Der Wind des Zeitgeistes verbläst in den Jahren nach 1968 Dunst aus Kunst und Literatur, Politiker links der Mitte bekommen Wind unter die Flügel. Nach den Bundestagswahlen von 1969 ist der Sozialdemokrat Willy Brandt deutscher Bundeskanzler, ein Jahr später wird Bruno Kreisky, sein Freund aus der Emigration in Schweden, Kanzler in Österreich, freilich nur jener einer Minderheitsregierung.

Kreisky weiß, dass es in Österreichs Wählerschaft keine Mehrheit links der Mitte gibt, das war bei den vier Nationalratswahlen der Ersten und den sieben der Zweiten Republik so. Die SPÖ regiert ab 1970 daher nur mit einer relativen Mehrheit und ist ein Jahr lang auf die Unterstützung der FPÖ angewiesen, einer Kleinpartei von deutschnationalen Honoratioren und ehemaligen Nazis (Wahlergebnis 1970: 5,5 Prozent). Diese bekommt für ihre Zustimmung zum Budget und zu durchaus herzeigbaren Reformen ein Wahlrecht, das große Parteien nicht mehr über Gebühr bevorzugt (es gilt bis heute). Die Wehrdienstzeit wird von neun auf sechs Monate verkürzt, die Aufnahmeprüfungen an den Gymnasien werden abgeschafft, uneheliche Kinder werden ehelichen rechtlich gleichgestellt – die FPÖ stimmt allem zu.

Kreisky weiß: Eine absolute Mehrheit ist nur dann zu erreichen, wenn er Wähler ansprechen kann, die zwar keine Sozialdemokraten sind, aber unter Umständen *„ein Stück des Weges"* mit ihm gehen würden. Dieser Aufgabe widmet er sich von Beginn an hingebungsvoll.

- Sein erster Besuch als Bundeskanzler gilt dem Kardinal und Erzbischof von Wien, Franz König. Kreisky hat die Verbrüderung der Kirche mit dem Austrofaschismus natürlich nicht vergessen, aber Franz König war einer jener Bischöfe, die 1952 das selbstkritische „Mariazeller Manifest" verfasst haben. Dessen Kernsätze: *„Keine Rückkehr zum Bündnis von Thron und Altar ... Keine Rückkehr zum Protektorat einer Partei über die Kirche."*
- Auch eine andere Flanke wird abgesichert: Noch am Tag der Angelobung schickt Kreisky seinen Wirtschaftsminister (man nennt ihn damals Handelsminister) Josef Staribacher zum Schwarzenbergplatz, wo der Vorstand der Industriellenvereinigung im noblen Hauptquartier angstvoll zu einer Krisensitzung zusammengetreten ist: Was haben die Roten vor? Staribacher zerstreut die Bedenken: Keine weiteren Verstaatlichungen, die Sozialpartnerschaft bleibt eine Säule der Wirtschaftspolitik. Erst danach bezieht er sein Büro.
- An einer dritten Konfliktzone gibt es für Kreisky gute Nachrichten: Die Analyse der Nationalratswahl 1970 durch seinen Berater Karl Blecha – er hat einige Jahre zuvor das Meinungsforschungsinstitut IFES gegründet – zeigt: Die SPÖ hat vor allem in ländlichen Ge-

meinden mit wirtschaftlichen Problemen dazugewonnen – dort, wo Söhne von Bauern in die Fabriken abwandern und mit Betriebsräten in Kontakt kommen. Das war im Ergebnis die halbe Miete. Kreisky will diesen Trend halten: Er nimmt eine für die Bauern lukrative Reform der Sozialversicherung und eine spezielle Förderung für Bergbauern in sein Programm. In der Folge gewinnt die SPÖ bei den vier Nationalratswahlen der 1970er-Jahre in Landgemeinden im Schnitt jeweils 1,5 Prozentpunkte hinzu – geradezu ein Erdrutsch in Zeiten, in denen die Stimmenschwankungen bei Wahlen meist nur im Zehntelprozent-Bereich liegen.

◆ Bleibt als Zielgruppe rechts der Mitte das städtische Bürgertum. Als Kind einer großbürgerlichen Wiener Familie weiß Kreisky, dass Kunst, Literatur und Musik für bürgerliche Wählergruppen wirksame Lockstoffe sind, wie sie es ja auch für ihn waren. Die Sozialdemokraten der Ersten Republik hat er als junger Mann nicht zuletzt deshalb bewundert, weil sie eine Kulturbewegung waren, für die sich Künstler und Intellektuelle wie Sigmund Freud, Franz Werfel, Alfred Polgar und Robert Musil erwärmten, 1927 unterschrieben sie sogar einen Wahlaufruf für die Wiener Sozialdemokraten. Das waren Allianzen nach Kreiskys Geschmack.

Bald nach seinem Amtsantritt lädt der Bundeskanzler also den deutschen Literatur-Nobelpreisträger Günter Grass (1927–2015) ein. Der Autor der „Blechtrommel“ hat soeben seinen Roman „Aus dem Tagebuch einer Schnecke“ über sein Engagement in Willy Brandts Wahlkämpfen veröffentlicht. In Wien spricht Grass auf Einladung Kreiskys über die Kategorisierung des Bürgertums: Den aufgeklärten Citoyen stellt er in seinem Vortrag dem verbohrten Bourgeois gegenüber. Diese Citoyens will sich Kreisky holen.

Heinrich Böll (1917–1985), ebenfalls auf Kreiskys Einladungsliste, ist Nobelpreisträger wie Grass und wie dieser ein Autor links der Mitte. Als Kreisky ihn nach Wien holt, ist er gerade Opfer einer Kampagne des Springer-Verlags: Die „Bild“-Zeitung unterstellt Böll eine Nähe zu den Terroristen der Roten Armeefraktion (RAF), was sogar eine schikanöse Hausdurchsuchung zur Folge hat. Neben Böll steht der sowjetische Autor Lew Kopelew (1912–1997) als Redner auf der

Bühne der Wiener Stadthalle, prominenter Dissident und in der Stalin-Zeit jahrelang Häftling in einem Gulag.

Ein anderer Weltstar der Kunst zieht – auf dem Papier – sogar als Untermieter in Kreiskys Haus in der Wiener Armbrustergasse ein: Oskar Kokoschka. Kokoschka lebt seit 1953 mit seiner Frau Olga in Villeneuve am Genfer See und hat erfahren, dass Kreiskys Regierung das Staatsbürgerrecht abgemildert hat und nun nicht mehr die Rückgabe der bisherigen Staatsbürgerschaft – im Falle der Kokoschkas ist es die britische – unabdingbar ist, um die österreichische wiederzubekommen. Die Regierung Kreisky hat allerdings ein wichtiges Detail übersehen: Die Doppel-Staatsbürgerschaft wird weiterhin nur an Personen mit Adresse in Österreich verliehen.

In dieser Sache wendet sich Oskar Kokoschka 1974 direkt an den Bundeskanzler, weil er nicht einsieht, warum er sich überhaupt um die Staatsbürgerschaft bewerben soll. Er hat sie ja nie aufgegeben, die Nazis haben sie ihm, dem „Entarteten", aberkannt. Kreisky versteht das, will das Gesetz aber nicht aufschnüren, sondern erfindet eine „Lex Kokoschka": Er füllt eigenhändig einen Meldezettel aus, lautend auf Oskar Kokoschka, wohnhaft Wien-Döbling, Armbrustergasse 15. Ab 1975 ist Kokoschka wieder österreichischer Staatsbürger, bis zu seinem Lebensende wird er bei Bruno Kreisky „Untermieter" sein.

Anders als mit Kokoschka, den Kreisky persönlich kaum kennt, ist der Bundeskanzler mit dem Komponisten und Dirigenten Leonard Bernstein (1918–1990) befreundet. Bernstein ist gern in Wien, er verehrt Gustav Mahler und nimmt dessen neun Symphonien mit den Wiener Philharmonikern auf. Wenn der Maestro in Wien gastiert, geht Kreisky gern mit ihm ins Restaurant Stadtkrug in der Weihburggasse zum Abendessen. Einmal setzt sich Bernstein dort beschwingt von einigem Whisky ans verstimmte Klavier und erfüllt Gästewünsche, er spielt sogar den Rolling-Stones-Heuler „Satisfaction". An diesem Tag schließt der Stadtkrug erst um drei Uhr früh.

Der Kanzler und Parteivorsitzende unterscheidet sich in seinem Verständnis von Kunst wohl einigermaßen deutlich vom Gros seiner Funktionäre. Er zeigt sogar Verständnis für die Radikalen: *„Ich bekenne mich zu einer Kulturpolitik, die bereit ist, einem gewissen Radi-*

kalismus Platz einzuräumen, weil das für die Bewußtseinsbildung, die man braucht, um Reformbereitschaft bei der großen Mehrheit zu schaffen, von entscheidender Bedeutung ist", heißt es in einer seiner Regierungserklärungen.

Kreisky weiß, dass solches Denken vielen in seiner eigenen Partei fremd ist – selbst in deren Mittelbau. Deshalb versucht er, die wichtigsten Funktionäre bei passender Gelegenheit ein Stück mitzunehmen. Am Vorabend jedes SPÖ-Bundesparteitags ist für die Delegierten ab sofort Hochkultur angesagt. Vor dem Parteitag im Februar 1974 dirigiert Leonard Bernstein für sie im Theater an der Wien Ludwig van Beethovens Freiheitsoper „Fidelio", es ist der 40. Jahrestag der Zerschlagung der Sozialdemokratischen Partei durch das Dollfuß-Regime. Zwei Jahre später, 1976, geht es am Vorabend des Parteitags ins Burgtheater, wo Giorgio Strehlers „Spiel der Mächtigen" auf dem Programm steht – eine Kompilation von Shakespeares Königsdramen. Beziehungsreich auch der Titel des Stücks, das Kreisky 1978 seinen Parteitagsdelegierten mahnend vorsetzt: „Die sieben Todsünden der Kleinbürger" von Bertolt Brecht mit der Musik von Kurt Weill, gesungen von Milva, der italienischen Sängerin, die nicht nur wegen ihrer Haarfarbe *„La Rossa"* (die Rote) genannt wird.

Das 1950 beschlossene Schmutz- und Schundgesetz wird 1972 vom Verfassungsgerichtshof aufgehoben und nicht mehr erneuert. Der Bundeskanzler begründet das in der Öffentlichkeit mit der Feststellung, die Pornografie diene doch letztlich irgendwie dem Leben ...

Aber Literatur, Theater und zunehmend auch das Fernsehen sind nach wie vor Konfliktzonen: Es geht jetzt nicht mehr, wie früher so oft, um Erotik oder Sex, sondern um Politik und Geschichte.

1977 taucht das Gerücht über ein Filmprojekt namens „Staatsoperette" auf, das der Regisseur Franz Novotny und der Komponist Otto M. Zykan im Auftrag des ORF betreiben.

Wie bei der „Alpensaga" beginnen die Auseinandersetzungen schon vor Drehbeginn. Eine satirische Burleske der Zwischenkriegszeit soll es sein, hört man, Bundeskanzler Engelbert Dollfuß wird, so die Fama, von einem Einrad fahrenden Liliputaner dargestellt

(Dollfuß maß nur 1,53 m), Kanzler-Prälat Ignaz Seipel gar im Kreis nackter Mädchen.

Im November 1977, drei Wochen vor dem geplanten Sendetermin, stellt die ÖVP im Nationalrat eine Anfrage an Unterrichtsminister Fred Sinowatz: Hat das Ministerium eine Million Schilling an Fördermitteln für Novotnys Film bewilligt? Als Anfang Dezember die bejahende Antwort des Ministers eintrifft („*Ein Denk- und Diskussionsanstoß in Hinblick auf die jüngere Geschichte*") ist der Film bereits gesendet und hat die Befürchtungen seiner Gegner noch übertroffen: Dollfuß fährt tatsächlich Einrad und singt dabei auch noch: „*Und stirbt das Volk für seinen Kanzler hin/ Ja dann hat mein Leben erst einen richtigen Sinn!*" Ex-Kanzler Ignaz Seipel trifft sich mit dem von barbusigen Damen umschwirrten Mussolini – im Film „Muffolini" genannt. Die Sozialdemokraten bekommen mit der Figur des schwer überforderten Arbeiterführers „Griffel" – unverkennbar Chefideologe Otto Bauer – ihr Fett ab.

Aufreger „Staatsoperette" (Peter Turrini als „Muffolini"): Im Parlament folgten darauf hitzige Debatten.

Beim ORF-Kundenservice gehen während und nach der Sendung 880 Anrufe ein, 43 davon sind positiv.

Der St. Pöltner Diözesanbischof Franz Zak schickt schon am nächsten Tag ein Protesttelegramm mit der Frage *„Ein Signal für einen kommenden Kirchenkampf?"* an Sinowatz und an den SPÖ-nahen ORF-Generalintendanten Otto Oberhammer. Praktisch alle katholischen Verbände protestieren heftig, die „Kleine Zeitung" sieht in der „Staatsoperette" einen *„Anschlag auf das Staats- und Geschichtsbewußtsein jedes anständigen Österreichers"*. Die katholische Wochenzeitung „Die Furche" versteigt sich zu einer grotesken Mussolini-Lobpreisung: *„Mussolini war zweifellos ein Gangster, hatte aber doch wohl etwas mehr Format als seine roten diktatorischen Nachahmer und Epigonen. Die elegantesten und interessantesten Frauen Italiens liefen ihm nach und eine von ihnen war bereit, mit dem Duce in den Tod zu gehen"*.

Elfriede Jelinek freut sich im KPÖ-Organ „Volksstimme" über die Ohrfeigen für die Sozialdemokraten: *„Die ‚Staatsoperette' hat mir sehr gefallen, nicht zuletzt wegen der bösartigen Kritik an der Sozialdemokratie, die ja kulturell mehr vernichtet hat als selbst konservative Richtungen. Das ist für mich ganz übel."*

Auch im Parlament wird noch einmal hitzig über die Satire diskutiert, aber bald dominiert ein anderes Thema das Geschehen: die Debatte über das Atomkraftwerk Zwentendorf.

Nach Bundeskanzler Kreiskys unverständlichen Haltung gegenüber Simon Wiesenthal im Konflikt um die SS-Vergangenheit von FPÖ-Chef Friedrich Peter gerät er nun abermals in Konfrontation mit von ihm hofierten Künstlern und Intellektuellen: Sie sind anders als er fast durchwegs Atomkraftgegner. Als Kreisky im Volksabstimmungsjahr 1978 eine Künstlerrunde zum Abendessen einlädt, fährt der Liedermacher Sigi Maron mit seinem Rollstuhl vor den Kanzler, schiebt den Pullover hoch und zeigt ihm sein *„Atomkraft – nein danke!"*-T-Shirt: *„So jetzt können's den ganzen Abend auf mein Leiberl schauen." „Kreisky hat gesagt , Gott sei Dank seh' ich schon a bisserl schlecht'"*, erinnert sich Peter Turrini, auch er ein Gast bei diesem Abendessen.

Im Wahlkampf 1979 thematisiert die ÖVP eine Taschenbuchserie für den Schulunterricht, die vom Sessler-Verlag herausgegebene „Souffleurkasten"-Reihe. Es sind kleine Bändchen mit wenigen Seiten, in denen österreichische Autoren Geschichten erzählen: Peter Henisch, Elias Canetti, Oskar Kokoschka, Elfriede Hammerl, Ingeborg Bachmann, Milo Dor, H. C. Artmann, Peter Turrini, Wilhelm Pevny und viele andere. In einigen dieser Texte ist die Sprache einigermaßen direkt – auch das Wort „ficken" kommt vor. Das gehe gar nicht, findet ÖVP-Spitzenkandidat Josef Taus: Solchen Schund wolle er seiner zwölfjährigen Tochter nicht zumuten. Verantwortlich dafür sei der rote Unterrichtsminister Fred Sinowatz. Im Nationalrat wird heftig darüber debattiert, Zeitungen und Fernsehen berichten umfangreich. Aber mit diesem Thema lässt sich nicht mehr mobilisieren: Wenige Wochen später, im Mai 1979, fährt die SPÖ das beste Wahlergebnis ihrer Geschichte ein: 51,03 Prozent.

Im Mai 1982 gibt es einen Waffenstillstand: Alle drei im Parlament vertretenen Parteien – also SPÖ, ÖVP und FPÖ – stimmen von Kulturkämpfen ermattet der Verankerung der Freiheit der Kunst in der Verfassung zu. Dem Artikel 17 des Staatsgrundgesetzes wird der Satz hinzugefügt: *„Das künstlerische Schaffen, die Vermittlung von Kunst sowie deren Lehre sind frei."*

Ausgehandelt wird das Verfassungsgesetz von Heinz Fischer und Karl Blecha (SPÖ), Friedhelm Frischenschlager (FPÖ) und dem liberalen Flügelmann der ÖVP, Heinrich Neisser.

Damit bedeute „Freiheit der Kunst" nicht bloß Freiheit vom Staat, sondern *„Freiheit durch den Staat"*, definiert Antragsteller Blecha den Sinn des neuen Satzes in der Bundesverfassung: Jetzt müsse der Staat über diese Freiheit wachen. FPÖ-Hauptredner Frischenschlager, er wird sich später mit Heide Schmids Liberalen von der FPÖ abspalten, hält einen zusätzlichen Verfassungsartikel allein für kein festes Bollwerk, er werde *„nicht die dunklen Mächte im Kultur- und Kunstleben austreiben können"*. Aber das Prestige der Kunst werde damit gehoben; ähnlich wie bei der Wissenschaft werde deren Freiheit nun festgeschrieben und dafür sei auch die FPÖ. Für die ÖVP begründet der Abgeordnete Heribert Steinbauer das Ja seiner Partei: *„Die Ver-*

ankerung der Kunst in der Verfassung der Republik Österreich im Jahre 1982 entspricht einer Selbstverständlichkeit des täglichen Lebens. Es ist Kunst ohne Freiheit ja auch nicht denkbar." Freilich werde sich die ÖVP nicht daran hindern lassen, dort Kritik zu üben, wo sie dies für notwendig hält.

Ein heute unvorstellbarer Vorgang: Ein Jahr vor einer Nationalratswahl stimmen die zwei Oppositionsparteien dem Antrag der Regierungspartei auf Verfassungsänderung bei einem seit Jahrzehnten umstrittenen Thema zu und begründen das im Nationalrat in durchaus qualitätsvollen Reden.

Das Klima sollte allerdings bald wieder umschlagen.

Eine alte Freundschaft nimmt in ihren späten Jahren Schaden. Leonard Bernstein versucht zu Jom Kippur 1986, dem jüdischen Versöhnungsfest, Frieden zwischen Freund Bruno und dessen politischem Ziehsohn Hannes Androsch zu stiften – beide sind da schon seit Jahren aus der Politik ausgeschieden, noch länger sind sie verfeindet. Bernstein trifft sich mit Bruno Kreisky in seiner Suite im Hotel Bristol nahe der Wiener Oper. Zuvor hat er einen Überraschungsbesuch von Androsch eingefädelt, ohne das mit Kreisky zu besprechen. Der springt beim Eintreffen Androschs zornig auf und verlässt das Hotel.

Bernstein und Kreisky treffen einander nie mehr.

Bruno Kreisky stirbt im Juli 1990, Leonard Bernstein wenige Wochen später.

Kapitel 17

ZOFF AM HELDENPLATZ

Kurt Waldheim wird Präsident, in der FPÖ putscht der rechte Flügel, in der Kirche sitzen wieder konservative Bischöfe an den Machtpositionen – und ein Theaterstück spaltet das Land.

Die 1970er-Jahre galten als Jahrzehnt der Sozialdemokratie, die in Großbritannien, Deutschland, Portugal, Schweden, Norwegen und Österreich die Regierungschefs stellte.

Jetzt kommt die Wende: 1979 zieht die Konservative Margaret Thatcher in Downing Street 10 ein, der Republikaner Ronald Reagan ein Jahr später ins Weiße Haus. In Deutschland regiert ab 1982 die CDU, in Österreich verliert Bruno Kreisky 1983 die absolute Mehrheit und tritt zurück. Die Koalitionsregierung zwischen SPÖ und dem liberalen Teil der FPÖ zerbricht 1986 – die Liberalen sind zu schwach, der rechte Flügel putscht Jörg Haider an die Macht.

Im Juni 1986 wird Kurt Waldheim als Kandidat der ÖVP Bundespräsident. *„Ein Mann, dem die Welt vertraut"* lautet der Plakatslogan beim ersten Wahlgang. Als das Nachrichtenmagazin „profil" unschöne Details von Waldheims Kriegsvergangenheit aufdeckt, die dieser in seiner Biografie „vergessen" hat, wird das Plakat von Waldheims Wahlkampfbüro mit einer gelben Banderole überklebt: *„Wir Österreicher wählen, wen wir wollen! – Jetzt erst recht."*

Waldheim gewinnt die Stichwahl mit 54 Prozent.

Der machtvollste Widerstand gegen Waldheim kommt sowohl vor als auch nach der Wahl von der „Zivilgesellschaft", ein Begriff, der in der österreichischen Politik erst in diesen Jahren gebräuchlich wird. Getragen wird er vor allem von Schriftstellern und Künstlern. Auf den Kundgebungen gegen Waldheim sprechen die Autorinnen und Autoren Elfriede Jelinek, Gerhard Roth, Doron Rabinovici, Robert Menasse, Josef Haslinger, Robert Schindel sowie die Maler Adolf Frohner und Georg Chaimowicz.

Demonstration gegen Kurt Waldheim 1985: Alfred Hrdlickas Holzpferd war immer dabei.

Eine der ersten Aktivitäten der Waldheim-Gegner ist der Bau eines Holzpferds. Die Idee folgt einem ironischen Sager von Bundeskanzler Fred Sinowatz (SPÖ): Er nehme zur Kenntnis, dass nicht Kurt Waldheim, sondern nur sein Pferd bei der SA war, so der Kanzler bei einer Pressekonferenz (Waldheim war Mitglied der SA-Reiterstaffel).

Konkret wird das Projekt bei einer eher zufälligen Zusammenkunft des ehemaligen ORF-Unterhaltungschefs Kuno Knöbl mit Peter Turrini und Alfred Hrdlicka im Direktionszimmer des Volkstheaters: Hrdlicka entwirft den Bauplan, eine vom Volkstheater vermittelte Bühnenwerkstatt zimmert innerhalb von zwei Wochen das Holzpferd, Manfred Deix malt eine SA-Mütze auf das hölzerne Haupt. Der „Republikanische Klub" mit Sitz in der Rockhgasse in der Wiener Innenstadt finanziert die Produktion.

Das Holzpferd kommt viel herum: Enthüllt wird es am Stephansplatz, danach reist es zur Oper und wird gegenüber der damaligen

ÖVP-Zentrale aufgestellt, wobei Texte von Peter Handke und Elfriede Jelinek verlesen werden.

Einer der wenigen Staatsbesuche führt den neu gewählten Bundespräsidenten Waldheim in den Vatikan, wo er von Papst Johannes Paul II. empfangen wird. Das Holzpferd fährt mit und steht – gefilmt von zahlreichen Fernsehstationen - auf der Piazza Navona. Anschließend geht es zur Rieder Messe und zu den Bregenzer Festspielen. Pünktlich zur Eröffnung der Salzburger Festspiele sind Waldheim und das Holzpferd zur Stelle. Noch im Jahr 2000 wird das Pferd in Paris ausgestellt, 2007 ist es Teil einer Ausstellung im Wiener Jüdischen Museum.

Sein Gnadenbrot bekommt das Holzpferd in zerlegtem Zustand im Hauptquartier des „Republikanischen Klubs" in der Wiener Innenstadt. Ins Museum will man es nicht stellen – man wisse schließlich nicht, ob man es nicht vielleicht wieder für einen kleinen Ausritt brauche, heißt es aus dem Klub.

Als 1986 im Direktionszimmer des Volkstheaters das Holzpferd ersonnen wird, sitzen wenige Hundert Meter weiter, im Direktionszimmer des Burgtheaters, zwei Herren und erfinden ein neues Stück: Burgtheater-Direktor Claus Peymann will dem von ihm hochgeschätzten Autor Thomas Bernhard die Idee schmackhaft machen, Passendes zum bevorstehenden Gedenkevent 1938/1988 zu schreiben.

Peymann, geboren 1937 in Bremen, hat sein Amt gerade erst angetreten. Seinen letzten Job hatte er zuvor in Bochum als Intendant des dortigen Schauspielhauses, das er in seiner siebenjährigen Amtszeit zu einer bedeutenden Bühne aufrüstete.

Als Burgtheater-Direktor bestellte ihn Unterrichtsminister Helmut Zilk auf Anraten seiner Vertrauten Ursula Pasterk, der späteren Wiener Kulturstadträtin. Peymann hat zum Zeitpunkt seiner Bestellung ein Vierteljahrhundert Theaterleben hinter sich. Als junger Mann wurde er von Bertolt Brechts Witwe Helene Weigel höchstpersönlich aus dem Berliner Ensemble verbannt, weil er zu spät zu einem Termin erschienen war (später, ab 1999, ist Peymann 18 Jahre lang Direktor des von Brecht gegründeten Theaters).

Seiner Karriere schadete das nicht. Er inszenierte an allen großen Häusern Deutschlands. Als Schauspieldirektor in Stuttgart sorgte er mit einer Spendensammlung für einen Sturm der Entrüstung bei CDU und Boulevardpresse: Peymann wollte der in Stuttgart-Stammheim einsitzenden RAF-Terroristin Gudrun Ensslin einen Zahnersatz finanzieren. Auch als Intendant in Bochum entfachte er bald politischen Aufruhr, weil er sich mit der Hausbesetzer-Szene solidarisierte.

Entsprechend zurückhaltend bis feindselig sind die Reaktionen bei seiner Bestellung zum Direktor des mythisch verklärten Burgtheaters, einem Herrschaftsbereich des Bildungsbürgertums. Peymann tut alles, um seinen Ruf zu rechtfertigen: Er holt Schauspielstars aus Deutschland und beschäftigt die verdienten Kammerschauspieler des Hauses nur noch selten. In einem Interview erklärt Peymann, er gehe nicht in die Kantine des Burgtheaters, weil es ihm dort zu sehr „wienere". Burgtheater-Betriebsrat Franz Morak ortet eine „Entösterreicherung", Starkritiker Hans Weigel sogar ein „Österreich-Pogrom".

Aber der Vorwurf trifft nicht ganz zu – jedenfalls nicht, was die nun am Burgtheater gespielten Autoren betrifft: Peter Handke, Thomas Bernhard, Peter Turrini, Elfriede Jelinek steigen in der Ära Peymann zu europaweit anerkannten Theaterautoren auf.

Für innenpolitischen Zoff sorgt der neuer Burgtheater-Direktor allemal: Als Papst Johannes Paul II. im Juni 1988 Österreich besucht, setzt Peymann demonstrativ Rolf Hochhuths kirchenkritisches Stück „Der Stellvertreter" auf den Spielplan. Außenminister Alois Mock (ÖVP) drängt daraufhin Unterrichtsministerin Hilde Hawlicek (SPÖ), sie möge die Aufführung absagen. Hawlicek denkt nicht daran. Mocks Brief findet den Weg zu Peymann, der ihn daraufhin im Programmheft abdruckt.

Wenig später erklärt der Burgtheater-Direktor in einem Interview mit der „Zeit", Bundespräsident Waldheim habe sich von hinten an ihn angeschlichen und ihn *„in den Nacken geküßt"*. Die Szene soll sich in einem Wiener Café zugetragen haben, als Waldheim ihm zu seiner Inszenierung von Shakespears „Richard III." gratulieren wollte.

Der Bundespräsident dementiert wütend.

Auch Thomas Bernhard, den Claus Peymann erfolgreich zum von ihm gewünschten Stück überreden konnte, kann Skandale in seiner künstlerischen Biografie vorweisen. Den ersten gab es 1968, als er bei der Verleihung des Staatspreises für Literatur eine eher herbe Rede hält: „*Ein ahnungsloses Volk, ein schönes Land – Menschen mit der Einfachheit und der Niedertracht, mit der Armut ihrer Bedürfnisse. Wir sind Österreicher, wir sind apathisch; wir brauchen uns nicht zu schämen, aber wir sind auch nichts und wir verdienen nichts als das Chaos.*" Der den Preis verleihende Unterrichtsminister Theodor Piffl-Perčević (ÖVP) ging daraufhin noch einmal zum Mikrofon und murrte: „*Wir sind trotzdem stolze Österreicher.*" Danach verließ er grußlos den Saal.

Aufsehen erregt auch Bernhards 1985 erschienener Roman „Holzfällen", eine bitterböse Abrechnung mit ehemaligen Förderern und Künstlerkollegen, die sich in dem Text wiedererkannten. Es kommt zu Klagen und Beschlagnahmungen.

Jetzt, im Sommer 1988, ist das von Claus Peymann gewünschte Stück zum 50. Jahrestag des Einmarschs von Hitlers Wehrmacht fertig. Thomas Bernhard nennt es „Heldenplatz". Die Handlung ist rasch erzählt: Der jüdische Gelehrte Professor Schuster kehrt aus der Emigration nach Wien zurück und findet die Bevölkerung so antisemitisch und fremdenfeindlich vor wie vor seiner Vertreibung durch die Nazis. Er fühlt sich von „Sieg-Heil"-Rufen verfolgt und stürzt sich aus dem Fenster seiner Wohnung beim Heldenplatz. Die Hauptfigur des Stücks ist Robert Schuster, der Bruder des Professors. Er räsoniert in einem Monolog über den Zustand Österreichs 50 Jahre nach dem „Anschluss".

Aber diesen Inhalt des Stücks kennt noch niemand, als schon eine heftige Diskussion losbricht, der sich bald kaum noch jemand entzieht: Über den „Heldenplatz" wird nicht nur in den Salons, sondern auch in den Wirtshäusern gestritten. So wie zehn Jahre zuvor bei der „Alpensaga" und danach bei der „Staatsoperette" genügt dafür schon das Bekanntwerden einzelner Textfragmente.

Dies geschieht durch die Kultur-Ressortleiterin von „profil", Sigrid

Löffler. Am 1. August 1988 veröffentlicht sie in einer Story über Peymann erste „Heldenplatz"-Zitate. Es sind Teile der Rede Robert Schusters über *„diese sogenannten Sozialisten"* und *„dieses katholische Gesindel"*, die *„mit den Nationalsozialisten gemeinsame Sache"* machten.

Noch bleibt alles ruhig, es sind ja Sommerferien. Am 19. September berichtet Löffler über die Verschiebung der Premiere, sie soll nun am 4. November stattfinden (Peymann hatte den Nationalfeiertag angepeilt). Gleichzeitig mutmaßt die Autorin: *„Aus dem von Claus Peymann so liebevoll geplanten Skandal wird wohl nichts werden – wegen erwiesener Harmlosigkeit."*

Vom Stück, sie hat es gelesen, ist sie nicht restlos überzeugt: *„Es liest sich wie der einundelfzigste Aufguss der ganz auf Lach-Köder berechneten Bernhard'schen Vermaledeiungssuada. Die Übertreibungen sind so maßlos wie immer."*

Aber was den Skandal betrifft, irrt die ausgewiesene Literaturexpertin Löffler. Anfang Oktober nimmt sich die „Kronen Zeitung" auf ihre Weise des Themas an und veröffentlicht unter dem Titel *„Österreich. 6,5 Millionen Debile"* ebenfalls einige Zitate aus dem insgesamt noch unbekannten Stück: *„Mehr Nazis als 1938 ... Österreich eine geist- und kulturlose Kloake ... Wien ein Alptraum"*. „Krone"-Herausgeber Hans Dichand knüpft daran die düstere Prognose: *„Wenn wir Österreicher uns diese unflätigen Beleidigungen von Peymann und Bernhard gefallen lassen, wird Österreich ein Land, in dem die Sonne unterzugehen droht."* Mehr noch: Österreich gebe sich in diesem Fall als Nation auf.

Seine Zeitung unterscheidet natürlich nicht, ob es sich bei den Zitaten um den Text eines Schauspielers oder um die Meinung des Autors handelt.

Bernhard und Peymann werden drei Wochen vor der „Heldenplatz"-Premiere zu Hassfiguren, denn auch Politiker aller Ränge und Farben stimmen in den Chor der Empörten ein. Bundespräsident Kurt Waldheim sieht eine *„grobe Beleidigung des österreichischen Volkes"*, ÖVP-Obmann und Vizekanzler Alois Mock *„eine globale Beschimpfung Österreichs, die auch noch mit Steuergeldern finanziert wird"*. Es protestieren der Wiener Weihbischof Kurt Krenn und verschiedene

Burschenschaften. FPÖ-Obmann Jörg Haider imitiert Karl Kraus: „*Hinaus aus Wien mit diesem Schuft!*" Bürgermeister Helmut Zilk (SPÖ) gibt gar ein psychiatrisches Ferngutachten ab: „*Paranoische Selbstdarstellung eines Menschen, der sein Leben lang nicht mit sich fertig geworden ist.*"

Selbst der von Journalisten befragte Bruno Kreisky meint: „*Das darf man sich von Bernhard nicht gefallen lassen.*" Kreisky hat Grund, Thomas Bernhard nicht zu mögen: Der hatte 1981 den noch aktiven Kanzler einen „*längst der Lächerlichkeit anheimgefallenen alten, am eigenen Murren würgenden sturen Sozialmonarchen*" genannt. Kreisky sei ein „*Höhensonnenkönig im Pensionistenlook*".

Aber noch immer hat niemand das Stück gesehen und nur wenige Auserwählte konnten es lesen. Dennoch fordert Niederösterreichs Landeshauptmann Siegfried Ludwig (ÖVP) ein Verbot der Aufführung. Selbst im liberalen „Standard" ruft Kultur-Ressortleiter Peter Sichrovsky – *indirekt* – zur Besetzung der Bühne auf: „*Stürmt den Heldenplatz!*" (Sichrovsky wird wenige Jahre später FPÖ-Abgeordneter und Generalsekretär von Haiders Partei).

Auf der Billrothstraße im Wiener Nobelbezirk Döbling attackiert ein älterer Herr Thomas Bernhard mit einem Gehstock.

Michael Frank, Wien-Korrespondent der „Süddeutschen Zeitung", schreibt: „*Im Augenblick müht sich Österreich, die größtmögliche Übereinstimmung der Wirklichkeit mit Bernhards grotesken Texten herbeizuführen.*"

Unterrichtsministerin Hilde Hawlicek (SPÖ) bleibt standhaft: Was am Burgtheater aufgeführt werde, sei „*Sache des Direktors*". Es werde ganz sicher keine Zensur geben. Später erzählt Claus Peymann, die Ministerin habe ihn in Telefonaten aufgefordert: „*Peymann, Sie müssen durchhalten!*" Bundeskanzler Franz Vranitzky wird im „Heldenplatz" als „*Staatsverschacherer*" verspottet, er trägt es Bernhard nicht nach und steht zur Entscheidung seiner Unterrichtsministerin.

Am Abend der Premiere lassen Aktivisten eine Fuhre Mist vor dem Burgtheater abladen. Die „Kronen Zeitung" veröffentlicht an diesem Tag ein Inserat mit einer Fotomontage, die das Burgtheater in Flammen zeigt: *„Uns ist nichts zu heiß!"*

Die Premierenaufführung, streng bewacht von einem Polizeiaufgebot, wird immer wieder von Zwischenrufen unterbrochen. Am Ende kommt es zu einer *„wahren Schrei-, Pfeif- und Applausschlacht"*, wie eine Zeitung tags darauf berichtet. Das Getöse schwillt noch an, als Thomas Bernhard und Claus Peymann zwecks Verbeugung die Bühne betreten. Es ist Bernhards letzter öffentlicher Auftritt. Der schon vom Tod gezeichnete Autor erliegt drei Monate später einem chronischen Lungenleiden.

Thomas Bernhard und Claus Peymann nach der „Heldenplatz"-Premiere 1988: vor dem Burgtheater eine Fuhre Mist, auf den Stehplätzen Rechtsradikale

Seine Grabtafel am Friedhof in Wien-Grinzing wird später mehrfach beschädigt und schließlich gestohlen.

Während der heftigen Proteste nach dem Ende der „Heldenplatz"-Premiere filmt eine ORF-Kamera die Stehplätze des Burgtheaters, wo eine Gruppe Rechtsradikaler besonders wild protestiert. Später wird man auf diesen Aufnahmen den damals 20-jährigen Heinz Christian Strache identifizieren.

Kapitel 18

„LIEBEN SIE SCHOLTEN?"

Jörg Haiders FPÖ legt bei Wahlen stetig zu, Kulturschaffende leisten Widerstand. Die Zeit der großen Kulturkämpfe ist aber vorerst vorbei: Es geht jetzt gegen „Ausländer" und „Asylanten".

FPÖ-Plakat gegen Künstler und Kulturpolitiker 1995: Jörg Haider fachte den Kulturkampf wieder an.

Ohne diese Passage kommt kein FPÖ-Programm aus: Man sei *„Teil der deutschen Volks-, Sprach- und Kulturgemeinschaft"*, heißt es im aktuellen Grundsatzpapier der Freiheitlichen. Praktisch deckungsgleich hatte das der damalige FPÖ-Obmann Jörg Haider 1992 in seiner „Wiener Erklärung" formuliert: *„Wer mit mir geht, steht für eine FPÖ, die sich zur deutschen Volks- und Kulturgemeinschaft bekennt."* In früheren Programmen hatte das noch weit forscher geklungen. Im ersten FPÖ-Parteiprogramm, jenem aus dem Jahr 1958, kam Österreich eher am Rande vor: *„Die vornehmste Aufgabe ist die Abwehr al-*

ler Bestrebungen, die auf eine Loslösung Österreichs vom Deutschtum gerichtet sind. Wir haben in den deutschen Österreichern das Bewußtsein wachzuhalten, ein Teil des deutschen Volkes mit allen sich aus dieser Zugehörigkeit ergebenden Rechten und Pflichten zu sein."

Das interessiert 1992 kaum noch jemanden. Auch das Beschwören einer „Deutschen Volks- und Kulturgemeinschaft" ist kein Stimmenmagnet. 1992 schickt sich Haiders FPÖ gerade an, nach der ÖVP auch die SPÖ bei Wahlen zur Ader zu lassen und dabei ist Deutschnationalismus erst recht kein Lockstoff.

Das Erfolg versprechende Thema liegt auf der Hand: die Ausländer.

Die erste größere Zuwandererwelle erreicht Österreich in der ersten Hälfte der 1980er-Jahre. Etwa 100.000 Polen verlassen ihre Heimat, in der die Kommunisten das Kriegsrecht ausgerufen haben, Richtung Österreich, 30.000 wollen bleiben und stellen Asylanträge. Nach 1989 kommen Zuwanderer aus anderen Ländern des ehemaligen Ostblocks, seit dem Beginn der Balkankriege auch Bosnier, Serben und Kroaten. Und das sind nicht mehr nur Durchwanderer oder Gastarbeiter auf Zeit, wie früher. Viele dieser Menschen wollen bleiben.

1992 trifft die FPÖ Vorbereitungen für ein Anti-Ausländer-Volksbegehren.

Im Spätherbst 1992 versammelt sich eine ähnliche Runde wie jene, die sechs Jahre zuvor das Holzpferd auf Reisen schickte, in der Wiener Wohnung von André Heller. Willi Resetarits ist dabei, der Autor Josef Haslinger, der Journalist Peter Huemer und seine Frau Friedrun, sie ist grüne Landtagsabgeordnete in Wien wie der auch anwesende Peter Pilz. Caritas-Präsident Helmut Schüller, Anwalt Daniel Charim und der kunstsinnige Unterrichtsminister Rudolf Scholten (SPÖ) sind ebenfalls gekommen. Mit Umweltministerin Marilies Flemming stößt auch eine ÖVP-Politikerin zu dieser Gründungsrunde der Organisation „SOS Mitmensch", Vizekanzler Erhard Busek hat sie in Marsch gesetzt. Das erste selbst gesteckte Ziel von „SOS Mitmensch": Jörg Haiders Ausländer-Volksbegehren etwas entgegenzusetzen.

Die Folge ist im Januar 1993 die größte Kundgebung in der Geschichte der Zweiten Republik, das „Lichtermeer" in der Wiener Innenstadt, an dem etwa 300.000 Menschen teilnehmen.

Die Rednerliste am Heldenplatz ist spektakulär: Kardinal Franz König und alle Spitzen der anderen Religionsgemeinschaften sprechen, die SPÖ-Minister Viktor Klima und Rudolf Scholten sowie die ÖVP-Ministerinnen Marlies Flemming und Maria Rauch-Kallat treten auf, ÖGB-Präsident Fritz Verzetnitsch und sein schwarzer Vize Fritz Neugebauer sind dabei. André Heller verliest eine Grußbotschaft von Bundespräsident Thomas Klestil. Nie mehr danach gab es eine so breite Front gegen Ausländerfeindlichkeit und Rechtspopulismus wie in diesem Januar 1993.

Das Musikprogramm ist nicht weniger prominent besetzt als die Rednerbühne: Ostbahn-Kurti, die Tschuschenkapelle, STS. Anlässlich der Protestaktion erscheint ein „Lichtermeer"-Sampler mit Liedern von Wolfgang Ambros, Georg Danzer, Peter Cornelius, Andy Baum, Ludwig Hirsch, Wilfried, Opus, Erste Allgemeine Verunsicherung und etlichen anderen, die gegen Haiders Volksbegehren ansingen.

Der FPÖ-Chef bleibt angesichts der Gegenwehr der Künstler gelassen. Er ist seit 1992 nach einem von der SPÖ im Landtag eingebrachten und von ÖVP unterstützten Misstrauensantrag – Haider hat die Beschäftigungspolitik der Nazis gelobt – nicht mehr Kärntner Landeshauptmann, sondern Klubobmann seiner Partei im Nationalrat. Heide Schmid, die eine Woche nach dem Volksbegehren mit vier weiteren Abgeordneten die FPÖ verlässt und das „Liberale Forum" gründet, erzählt später: *„Sein Argument war: Das macht nix, egal wie das Volksbegehren ausgeht, wir treffen einen Nerv der Bevölkerung, und die, die jetzt auf Grund des öffentlichen Drucks vielleicht nicht hingehen, die werden sich das merken, und das sind dann die, die wir bei der nächsten Wahl abrufen können."*

So kommt es auch.

Nicht zuletzt wegen des vereinten Widerstands von Politik und Kunst – auch das eine Premiere – unterschreiben nur 416.000 Menschen Haiders Volksbegehren „Österreich zuerst". Damit liegt es in der Liste dieser Initiativen bloß auf Rang 18. Aber Haider hat richtig gepokert: Bei den Nationalratswahlen gewinnt die FPÖ ein Jahr später, 1994, fast sechs Prozentpunkte hinzu und überspringt erstmals die 20-Prozent-Marke. SPÖ und ÖVP verlieren schwer.

Während Haiders Abwesenheit wird er in Kärnten entsprechend vertreten. Für Reinhart Gaugg etwa, geschäftsführender FPÖ-Obmann des Landes und FPÖ-Vizebürgermeister von Klagenfurt, wird beim von ORF und Stadt Klagenfurt gestifteten Ingeborg-Bachmann-Preis „Fäkalliteratur“ ausgezeichnet: *„Ein Geldpreis für Fäkalliteratur ist eine Zumutung. In der Schule wird verlangt, daß man ganze Sätze schreibt. Aber unter dem Titel ‚Freiheit der Kunst‘ werden da Bruchstücke abgeliefert. Da schreibt ja keiner mehr einen anständigen Satz und alle finden das super“*, so Gaugg 1995. Gaugg war am Parteitag 1986 einer jener beiden Männer, die den siegreichen Jörg Haider auf den Schultern durch den Saal trugen.

Der Kärntner Heimatdienst will da nicht nachstehen. Als Franzobel im selben Jahr den Bachmann-Preis für seine Erzählung *„Die Krautflut“* gewinnt, befindet das Heimatdienstblatt „Der Kärntner“: *„Wer nach der Konsumation dieser krautigen Angelegenheit Blähungen bekommen sollte, ist selbst schuld. Er hätte sich nämlich schon längst an die verdauungsfördernden Produkte unserer modernen Kulturmacher gewöhnen müssen.“*

Die FPÖ hat den Widerstand der Künstler gegen ihre Politik im Allgemeinen und gegen das Ausländer-Volksbegehren im Besonderen natürlich nicht vergessen. Im Wiener Landtagswahlkampf plakatiert sie 1995: *„Lieben Sie Scholten, Jelinek, Häupl, Peymann, Pasterk ... oder Kunst und Kultur? Freiheit der Kunst statt sozialistischer Staatskünstler!“* Die Freiheitlichen begründen das mit Selbstschutz: *„Die Künstler haben sich mit den Regierenden zusammengeschlossen, um gnadenlos gegen die Opposition und die Oppositionellen vorzugehen“*, meint etwa der Wiener FPÖ-Stadtrat Lothar Gintersdorfer, *„eine Schar von Austro-Popkünstlern hat sich in die Phalanx der linken Kulturclique eingereiht.“*

Haider und die FPÖ haben einen mächtigen Bündnispartner an ihrer Seite: die „Kronen Zeitung“, die in diesen Jahren noch von etwa der Hälfte der österreichischen Zeitungskonsumenten gelesen wird. Dort legt der Kolumnist „Staberl“, *recte* Richard Nimmerrichter (1920–2022), regelmäßig gegen Wissenschafts- und Kulturminister Rudolf Scholten (SPÖ) los, etwa als der mehr Geld für Kunstförderung verlangt. „Staberl": *„Die Unverfrorenheit, mit der er am Rand des Staatsbankrotts noch mehr Geld für seine linke Kulturclique verlangt, kann eigentlich nur zwei Ursachen haben: Dummheit oder Frechheit."*

Noch etwas deftiger formuliert Nimmerrichters Redaktionskollege Wolf Martin, ein Reimeschmied: *„Der Scholten schätzt das Volk nicht sehr,/ doch linke Brüder umso mehr./ Ist hier ein Künstler Stalinist,/ ist's klar, daß er ein Großer ist./ Ist einer gar ein Terrorvater,/ darf er ruinieren das Burgtheater./ Und seine Kommunistenclique,/ die liefert ihm dafür die Stücke."*

Als Scholten 1996 den Vertrag mit Claus Peymann um weitere drei Jahre verlängert, kontert die FPÖ im Nationalrat mit einem Misstrauensantrag gegen den Minister. Jörg Haider spricht von einer *„Überforderung der Österreicher mit einem Sympathisanten von kommunistischen Terroristen"*.

Die Angriffe auf den Kunstminister nehmen noch zu, als bekannt wird, dass das Scholten-Ministerium dem mittellosen H. C. Artmann eine Steuerschuld von umgerechnet 23.000 Euro erstattet hat. Artmann bezog seit Jahren eine kleine Rente aus dem Sozialfonds der „Literarischen Verwertungsgesellschaft", nach deren Rechtsansicht steuerfrei. Der Rechnungshof ist anderer Meinung und verdonnert den 75-jährigen Artmann zu einer entsprechenden Nachzahlung. Dies hätte den Dichter *„in seiner Existenz bedroht"*, erklärt Scholten im Nationalrat auf eine Anfrage der FPÖ. Die gibt sich damit erwartungsgemäß nicht zufrieden.

Haider konstatiert, es handle sich hier um *„eine privilegierte Kaste von Scholtens Künstlerfreunden, die aus heiterem Himmel steuerfrei gestellt werden"*. Artmann hätte sein Geld *„halt nicht zum Branntweiner tragen sollen"*. Scholten erwidert Haider indirekt, aber deutlich in seiner Eröffnungsrede bei den „Salzburger Festspielen": *„Wenn Autoren in mieser Weise diffamiert werden, dann ist das nicht nur eine Beleidigung, sondern ein Anschlag auf das Grundrecht der Freiheit in unserer Gesellschaft. Den Künstlern die Finanzierung zu rauben, hieße, in einem kleinen Markt auch ihre Arbeit zu zerstören."* Reaktion der sich angesprochen fühlenden FPÖ: *„Unerträgliche Polithetze. Ausgrenzen, polarisieren und hetzen – das ist der Kulturauftrag, den sich*

Scholten selbst auferlegt hat." Wolf Martin tags darauf in der „Krone": *„Drückt sich einer um die Steuer/ springt Scholten ein als Schuldbefreier.*"

Der Aufstieg der FPÖ wird von solchen Auseinandersetzungen nicht behindert. Im Gegenteil: Jörg Haider ist bei den Kärntner Landtagswahlen im März 1999 wieder FPÖ-Spitzenkandidat, fährt 42 Prozent der Stimmen ein und wird nach sieben Jahren im Wiener Exil neuerlich Landeshauptmann.

Bei den Nationalratswahlen wenige Monate später wird die FPÖ mit 27 Prozent zweitstärkste Partei hinter den Sozialdemokraten. Das ist die Wende: Nach 13 Jahren Großer Koalition wird der Vorsitzende der drittstärksten Partei, Wolfgang Schüssel, im Februar 2000 Kanzler eines Regierungsbündnisses zwischen ÖVP und FPÖ.

Einige Künstler resignieren. Elfriede Jelinek: *„Ich bin verzweifelt, denn ich habe durch meine Arbeit lange versucht, das zu verhindern, was jetzt eingetreten ist. Alles, was wir als Künstler versucht haben, hat Haider nur stärker gemacht.*"

Auch André Heller ist pessimistisch: *„Haider ist ein Unkulturmensch, als solcher muss er alles aus dem Land heraustreiben, was ihn stört, wenn er an der Macht ist. Das wird er tun.*"

Aber dazu kommt es nicht. Bundeskanzler Wolfgang Schüssel ist zwar ein gestandener Konservativer, dem keine Sympathien für Linke nachgesagt werden können, aber er ist kulturaffin, besucht regelmäßig Theater und Oper, nimmt selbst Cello-Unterricht, seine Tochter ist Schauspielerin. Für Kulturkämpfe ist er nicht zu haben.

Außerdem bleibt Haider ja als Landeshauptmann in Kärnten, wo es ohnehin einen Reibebaum gibt: das Stadttheater Klagenfurt und dessen Intendanten Dietmar Pflegerl (1943–2007). Pflegerl ging von Beginn an keiner Auseinandersetzung aus dem Weg. 1993, schon ein Jahr nach seiner Bestellung, verteilte er während einer Kundgebung Jörg Haiders am Neuen Platz in Klagenfurt Flugblätter der Aktion „SOS Mitmensch" gegen das Ausländer-Volksbegehren. Die FPÖ schäumte und forderte seine Abberufung. Pflegerl sei *„ein Aktionist und Parteigänger der Sozialisten*".

Der Theaterdirektor legt sich aber auch mit Gegnern Haiders an. Als Landeshauptmann Christof Zernatto (ÖVP) 1996 meint, die Zeit

Klagenfurts Theaterdirektor Dietmar Pflegerl: Er legte sich als Einzelkämpfer mit Kärntens Mächtigen an.

für die kritische Wehrmachtsausstellung in Klagenfurt sei *„noch nicht reif“*, bescheinigt ihm Pflegerl *„klassische Kleinbürgerschizophrenie“*.

Gleichzeitig gelingt es ihm, das Stadttheater nach einigen kostspieligen Flops zu einer namhaften Bühne zu machen, an der zwei Turrini-Stücke uraufgeführt werden und wo der heutige Burgtheater-Direktor Martin Kušej oft Regie führt. Die Auslastung liegt im Jahresdurchschnitt stets jenseits der 90-Prozent-Marke, obwohl Pflegerl schwierigen Stoff nicht scheut.

Als die FPÖ 1998 gegen den Kärntner Maler Cornelius Kolig ins Feld zieht („Fäkalkunst“), lädt Pflegerl Kolig demonstrativ als Ehrengast zum „Tag der offenen Tür“ ins Stadttheater. Die FPÖ: *„Linke Politshow“*. Pflegerl habe wohl *„einen Auftrag aus Wien, gegen das ‚braune‘ Kärnten vorzugehen“*.

Jetzt, da Haider wieder ständig in Kärnten ist, eskaliert der Streit. Nach dem Besuch des Landeshauptmanns bei Saddam Hussein in Bagdad im Jahr 2002, bei dem Haider dem irakischen Diktator *„die Grüße des Landes Kärnten“* überbringt, meint Pflegerl in einem „New

York Times"-Interview: *„Ich schäme mich so, diese Person als Landeshauptmann zu haben. Es wäre für mich schrecklich, wenn er wieder gewählt würde."* Haider lässt daraufhin von Juristen prüfen, ob man Pflegerl vorzeitig aus seinem Vertrag entlassen könne. Der Direktor kann bleiben, aber das Budget wird gekürzt: Statt 14 hat er nun nur noch elf Millionen zur Verfügung. ÖVP und SPÖ stimmen der von der FPÖ verlangten Kürzung im Theaterausschuss der Stadt zu.

Zu einer Versöhnung kommt es nicht mehr. Pflegerls Vertrag läuft 2007 aus, seit Jahren krebskrank, strebt der Theaterdirektor keine Verlängerung an.

In einem „Standard"-Interview sagt er wenige Tage vor seinem Tod: *„Mich interessiert kein Jörg Haider, mich interessieren keine Kulturpolitiker hier im Land. Die haben den Zeitpunkt für Gespräche versäumt. Und jetzt geht nichts mehr."*

Dietmar Pflegerl stirbt im Mai 2007. Jörg Haider überlebt ihn nur um ein Jahr.

Epilog

ZENSUR VON LINKS?

Die alten Kulturkämpfe sind passé, die neuen beginnen gerade. „Wokeness", „Cancel Culture" und „Kulturelle Aneignung" werden demnächst wohl zu Wahlkampfthemen.

Es ist ein letztes Aufflackern. Einmal noch, 2006, meint H. C. Strache, das berühmt-berüchtigte Plakat von 1995 („*Lieben Sie Scholten, Jelinek, Häupl, Peymann, Pasterk – oder Kunst und Kultur?*") sei weiterhin aktuell. Einmal noch unterstellt die FPÖ Elfriede Jelinek und Robert Menasse, öffentliche Förderungen zu beziehen, die sie gar nicht bezogen hatten. Aber das ist auch schon wieder zehn Jahre her und das war's dann bald, mit dieser Art von „Kulturkampf". Nicht dass sich die Akteure geändert hätten – die sind noch dieselben und von derselben politischen Ausrichtung. Aber die Zeiten sind andere.

Das Geturtel in Arthur Schnitzlers „Reigen" ist immer noch hübsch anzusehen. Aber würde jemand deswegen empört das Theater und dessen Publikum kurz und klein schlagen? Theater sind längst keine Orte der Massenunterhaltung mehr, warum sollte jemand gegen ein Theaterstück mobilisieren? Es würde den Aufwand nicht lohnen.

Und warum sollten katholische Jugendliche feindselig Kinos belagern, in denen Filme mit leicht bekleideten Damen laufen, wenn sich jeder Gymnasiast weit schärfere Ware aus dem Internet auf sein Handy laden kann? Welcher Landeshauptmann würde lächerliche Aufklärungsfilmchen verbieten? Wer will kontrollieren, ob sich Minderjährige einen mit „Jugendverbot" markierten Film im Fernsehen ansehen? Regt Aktionskunst noch jemanden auf? Einen echten Nitsch hätten heute wohl viele gern.

Die Welt hat sich einfach um ein gutes Stück weitergedreht. Die Zahl der Bauernhöfe hat sich in Österreich seit den Dreharbeiten zur „Alpensaga" halbiert. Bloß drei Prozent der Bevölkerung leben noch von der Landwirtschaft, Tendenz fallend. Anno „Heldenplatz" lagen

Krieg und Nationalsozialismus gerade etwas mehr als 40 Jahre zurück. Demnächst sind es 80. Den Nazis trauern heute nur noch Trottel und Verbohrte nach.

Floridas Gouverneur Ron DeSantis: Speerspitze im Kampf gegen „Woke" und LGBT

Aber es gibt neue Themen, bei denen sich Engstirnigkeit mindestens ebenso gut ausleben lässt. Der erzkonservative Gouverneur von Florida Ron DeSantis etwa hat bereits verkündet, sich mit einem Anti-„Wokeness"-Wahlkampf bis zur Präsidentschaft hochboxen zu wollen. In unseren Breiten wäre das unscharf mit „Anti-Gutmenschen-Kampagne" zu übersetzen, also einer Attacke gegen Menschen, die sich hartnäckig für Flüchtlinge, Minderheiten, Gendern, Frauenquoten, LGBT-Rechte und Ähnliches einsetzen, die eben „woke" („erwacht") sind.

DeSantis hat das in seinem Bundesstaat bereits politisch umgesetzt und das Behandeln von Themen der Geschlechter und der Sexualität im Schulunterricht verboten. Als der Vorstandsvorsitzende des in Florida hochaktiven Disney-Konzerns diese *„Don't say Gay"*-Aktion kritisierte, erklärte der Gouverneur Disney den Krieg und warf dem Konzern nachträglich überschießende Maskenpflicht während der Covid-Zeit vor. Disney stornierte im Gegenzug Investitionen im Vergnügungspark in Orlando.

Vladimir Putin könnte dem rechten Gouverneur aus dem US-amerikanischen Süden durchaus etwas abgewinnen, er nennt den Feldzug gegen die Ukraine schließlich gern einen gegen „Gayropa".

Ex-Präsident Donald Trump kann da natürlich nicht nachstehen und behauptet beständig, Präsident Joe Biden wolle die USA *„mit woke zerstören"*. „Woke" – der Begriff tauchte erstmals im Zusammenhang mit der „Black Lives Matter"-Bewegung auf: Erwacht, um Unrecht gegen Schwarze nicht mehr hinzunehmen.

In den USA formierten sich rasch die Gegner. Inzwischen werden in einigen Bundesstaaten Investmentfirmen unter Druck gesetzt, die ihre Investitionsentscheidungen auch nach ökologischen und sozialen Kriterien ausrichten: „Woke Capitalism", nennen das dessen Gegner.

Praktisch alle europäischen Rechtsaußen-Parteien sind auf diesen Kurs eingeschwenkt. FPÖ-Obmann Herbert Kickl protestierte heftig gegen die Beleuchtung des Parlaments in Regenbogenfarben während des „Pride Months". Im Parlament brachte die FPÖ eine Petition *„gegen die Genderpolitik in unserer Sprache"* ein. Im Koalitionspakt zwischen ÖVP und FPÖ wird Gendern im niederösterreichischen Landesdienst untersagt.

Als das „Conservative Political Action Committee", eine Organisation der US-Republikaner, Anfang Mai 2023 in Budapest eine internationale Konferenz abhielt – FPÖ-Obmann Kickl schickte eine Videobotschaft –, prangte am Tagungszentrum ein Transparent mit der Aufschrift *„No Woke Zone"*. *„No Country for woke men"* stand auf einer von Viktor Orbán mitgebrachten ungarischen Fahne. Bei Konferenzen dieser Art wird meist suggeriert, „Woke"-affine Eliten seien bereits so mächtig, „dass man manche Sachen gar nicht mehr sagen darf". Diese Eliten stünden im Gegensatz zu den Interessen der Bevölkerung – eine Behauptung, die von der Impfgegner-Bewegung adaptiert und auf die Spitze getrieben wurde: Die Eliten würden „das Volk" hinterhältig mittels Impfung und Lockdowns unterjochen –

und das sei erst der Anfang. „Freiheit" war im Herbst und Winter 2021/22 der Schlachtruf der bis zu 40.000 aufmarschierenden Impfgegner – angefeuert von Herbert Kickl auf einem FPÖ-Truck. Solchem Denken kann Umfragen zufolge zwischen einem Viertel und einem Drittel der österreichischen Wählerschaft etwas abgewinnen.

Auch bürgerliche Konservative wollen bei diesem neuen Thema mitmischen. Die niederösterreichische Landeshauptfrau Johanna Mikl-Leitner appelliert an die „Normaldenkenden". Der Vorsitzende der bayerischen CSU, Markus Söder, warf der Bundesregierung bestehend aus SPD, Grünen und FDP bei seiner Aschermittwoch-Rede 2023 vor, sie wolle *„ein anderes Deutschland"* und habe dabei *„Wokeness als ein Leitmotiv"*. Im Mai 2023 verabschiedete die CSU ein neues Grundsatzprogramm, in dem sie sich für das Eintreten gegen den *„Kulturkampf in Form von Identitätspolitik, Wokeness und Cancel Culture"* ausspricht.

Der CDU-Vorsitzende Friedrich Merz führt das Erstarken der „Aktion für Deutschland" auch auf „Wokeness" zurück: *„Mit jeder gegenderten Nachrichtensendung gehen ein paar Hundert Stimmen mehr zur AFD,"* schrieb Merz im Juni 2023 in seinem Newsletter. Und weiter: *„Gegenderte Sprache und identitäre Ideologie werden von der großen Mehrheit der Bevölkerung abgelehnt. Sie werden als übergriffig empfunden – und wieder hat die AfD ihre klammheimliche Freude."* Die CDU lag da in den Umfragen gerade bei 29 Prozent, Tendenz fallend, die AfD bei 20.

Ganz unrecht haben die Warner nicht. Gutmeinende schießen manchmal weit über das Ziel hinaus und sind damit leichte Beute für ihre Gegner. Eines der ersten, wohl verblüfften Opfer war die Autorin der Harry-Potter-Romane J. K. Rowling, die leichtfertig angemerkt hatte, für den von Überkorrekten präferierten Begriff *„Menschen, die menstruieren"* gebe es doch einen einfacheren: Frauen. Ein Shitstorm vorher nie da gewesenen Ausmaßes durchfurchte das Internet. Aber wer soll verstehen, dass man statt von Frauen und Männern besser *„von Menschen mit Gebärmutter und Menschen, die Spermien produzieren"* sprechen sollte, wie dies eine Gender-Professorin der Münchener Universität vorschlägt? Warum sollen die Begriffe „Mutter" und „Vater" umschrieben werden, wie ebenfalls schon angeregt wurde? Sollen Männer wirklich auch Umkleidekabinen und Toiletten von Damen benutzen dürfen, weil sie sich gerade als Frau „lesen"?

Oder sind das bloß Ideen von radikalen Sonderlingen, die von entsprechend geneigten Medien zwecks Diffamierung hochgejazzed werden: Schaut her, so sind diese verrückten Gutmenschen!

Wiewohl nur eine verschwindende Minderheit derart Schräges vertritt, sind die Kollateralschäden nicht zu übersehen. Wie das britische Magazin „Spectator" im Spätherbstt 2022 berichtete, werden an immer mehr britischen Universitäten bestimmte Bücher von „Pflichtlektüre" auf „optional" heruntergestuft. An der Universität von Aberdeen betraf das Shakespeares „Sommernachtstraum", an der Uni Essex August Strindbergs Stück „Fräulein Julie" und mehrere Märchen wegen Grausamkeiten gegen Tiere. Vor Orwells „1984" und Büchern Jane Austens und Agatha Christies wurde gewarnt: Diese Werke seien Studenten wegen ihrer Drastik oder wegen darin vorkommender Selbstmorde nicht zuzumuten.

Das größte Aufsehen erregte aber im August 2022 der Stopp der Auslieferung des Buches „Der junge Häuptling Winnetou" durch den Ravensburger-Verlag. Man habe *„mit den Winnetou-Titeln die Gefühle anderer verletzt"*, begründete das auf Jugendbücher spezialisierte Verlagshaus, gegründet 1852, seine Entscheidung. Bei der österreichischen Interessengemeinschaft Autoren (IG Autoren) stieß das auf Unverständnis: Es sei dies *„eine selbstbezichtigende Betroffenheitspose, die in Selbstzensur endet"*. Die Reaktion von Ravensburger fällt in die „Woke"-Subkategorie „kulturelle Aneignung". Definieren lässt sich diese etwa so: Bemächtigt sich die Mehrheitsgesellschaft einzelner Teile der Kultur einer Minderheit und kommerzialisiert sie, ohne auf die soziale Befindlichkeit dieser Minderheit Rücksicht zu nehmen, dann liegt der Tatbestand „kulturelle Aneignung" vor. Für Schlagzeilen sorgte in diesem Sinn eine Seniorinnen-Tanzgruppe aus Mannheim, der bei der örtlichen Gartenschau das Tragen von Kimonos und Sombreros untersagt wurde: böse kulturelle Aneignung!

Ist das Zensur von links? Schwer zu sagen, wie etwa der Fall des Musikers Mario Parizek zeigt. Sein Auftritt in Zürich wurde abgesagt, weil er als weißer Mann Dreadlocks trägt. Parizek reagierte eher verständnislos, er wollte sich mit seinen Dreadlocks nichts aneignen, sondern bloß die stockkonservativen Mitbürger in seiner österreichischen Heimatgemeinde provozieren.

Ähnlichen Zwiespalt gibt es immer wieder, etwa beim Protest gegen das sogenannte „Blackfacing", das Schminken eines weißen Darstellers. Afroamerikaner reagieren darauf empfindlich, nicht zuletzt deshalb, weil auf diese Weise Schwarze in den beliebten Minstrel-Shows des 19. Jahrhunderts als dumme, aber fröhliche Sklaven lächerlich gemacht wurden, ihrem Herrn hündisch ergeben. In Großbritannien wurden bis in die 1980er-Jahre Minstrel-Shows aufgeführt.

Absurd sind allerdings die Vorgänge an der University of Michigan, wo ein Professor nach lauthalsen Protesten vor dem Hinauswurf stand, weil er seinen Studenten die „Othello"-Verfilmung aus dem Jahr 1952 vorgeführt hatte, in der Orson Welles schwarz geschminkt den Mohren spielt. Das Seminar wurde sofort abgebrochen.

Zwiespältig ist die Lage auch bei einem Klassiker, Peter Iljitsch Tschaikowskis „Overtüre 1812". Sie wird seit vielen Jahren in den USA bei den Feiern am Unabhängigkeitstag, dem 4. Juli, als Einleitung der üblichen Großfeuerwerke gespielt. 2022 erklang das beliebte Stück des russischen Komponisten erstmals nicht mehr – aus Protest gegen Putins Invasion in der Ukraine. Auf den ersten Blick eine überzogene, lächerliche Reaktion: Was kann Tschaikowski (1840–1893) für Putin (geb. 1952)? Mit seiner „Overtüre 1812" preist der Komponist allerdings die siegreiche russische Armee, die in jenem Jahr auf dem Gebiet der heutigen Ukraine Napoleons Truppen vertrieb. Das lässt sich also zumindest argumentieren.

Eher jenseitig waren freilich die erregten Proteste bei der Landeskonferenz der Berliner Grünen 2021. Grund für den Eklat: Eine zur Wahl stehende Kandidatin hatte auf die Frage, was sie als Kind werden wollte, mit „Indianerhäuptling" geantwortet.

Leidvolle Erfahrungen auf diesem Gebiet machte auch „Falter"-Herausgeber Armin Thurnher, der in seinem Blatt befunden hatte, *„Österreichs machistischster Kolumnist Michael Jeannée"* sehe inzwischen aus *„wie eine überstandige Indianersquaw"* (Jeannée bezeichnet den „Falter“ in der „Kronen Zeitung“ regelmäßig als „*Bolschewistenblattl*“). Logische Folge: ein Shitstorm. Thurnher schrieb später eher schmunzelnd: „*Statt dass sich das Volk höhnend an meine Seite gestellt hätte, fiel es über mich her und zieh mich der Schmähung indigener Völker des weiblichen Geschlechts und des Alters.*“

Kürzlich war mein Freund Guillermo wieder einmal in Österreich. Guillermo, ein Journalist, war 1973 nach dem Militärputsch mit seiner Familie aus Chile geflohen und hatte in Wien freundliche Aufnahme gefunden. Nach dem Ende der Diktatur wieder in seine Heimat zurückgekehrt, trägt er als Zeichen der Dankbarkeit am Jahrestag seiner Flucht stets Lederhose, Trachtenjanker und Jogl-Hut.

Das Thema kulturelle Aneignung haben wir bei unserem Treffen ausgelassen.

LITERATURVERZEICHNIS

Amann, Klaus: Die Dichter und die Politik. Essays zur österreichischen Literatur nach 1918. Wien 1992

Armann, Christa: Arnulf Rainer – Das Frühwerk. Diplomarbeit Universität Wien 2010

Bayer, Konrad: „chére ida“ - Konrad Bayer an Ida Szigethy. Weitra 2018.

Binder, Josef: Tanz, Kino, Lippenstift und Liebe. Katholische Schriftenmission Linz 1948

Blaschitz, Edith: Populärer Film und der „Kampf gegen Schmutz und Schund“ 1946–1970. Dissertation Historisch-Kulturwissenschaftliche Fakultät Universität Wien 2009

Breicha, Otto (Hg.): Der Art Club in Österreich. Zeugen und Zeugnisse eines Aufbruchs. Wien 1981

Dusek, Peter: Arturo Toscanini und der Ständestaat, in: „Bananen, Cola Zeitgeschichte“, Wien 2018

Ebner, Paulus/Vocelka, Karl: Die zahme Revolution. '68 und was davon blieb. Wien 1998

Fischer, Heinz: Die Kreisky-Jahre 1967–1983. Wien 1993

Fischer, Heinz (Hg.): Das politische System Österreichs. Wien 1974

Fuchs, Benedikt: Die politischen Haltungen im Leben und im Werk von Thomas Bernhard. Diplomarbeit Theater-, Film- und Medienwissenschaft, Universität Wien 2010

Gaupp, Robert: Der Kinematograph vom medizinischen und psychologischen Standpunkt. Berlin 1912

Horowitz, Michael: Leonard Bernstein. Magier der Musik. Wien 2017

Keller, Fritz: Wien, Mai 68: Eine heiße Viertelstunde. Wien 1983

Kerschbaumer, Gert: Stefan Zweig, der fliegende Salzburger. Salzburg–Wien–Frankfurt/Main 2003

Kerschbaumer, Gert/Müller, Karl: Begnadet für das Schöne. Der rot-weiß-rote Kulturkampf gegen die Moderne. Wien 1992

Kos, Wolfgang: Eigenheim Österreich. Zu Politik, Kultur und Alltag nach 1945. Wien 1994

Lackner, Herbert: Als die Nacht sich senkte. Europas Dichter und Denker zwischen den Kriegen. Wien 2019

Lackner, Herbert: Die Flucht der Dichter und Denker. Wie Europas Künstler und Wissenschaftler den Nazis entkamen. Wien 2017

Lackner, Herbert: Rückkehr in die fremde Heimat. Die vertriebenen Dichter und Denker und die ernüchternde Nachkriegs-Wirklichkeit. Wien 2021

Le Bon, Gustave: Psychologie der Massen. Paris 1895

Lothar, Ernst: Das Wunder des Überlebens. Wien 1960

Manker, Paulus: Der Theatermann Gustav Manker. Wien 2010

Manker, Paulus: Das große Alma Mahler-Album. Wien 2022

Mauhart, Beppo: Ein Stück des Weges gemeinsam. Die Ära Kreisky/Androsch in Text und Bildern. Wien 2006

Murat, Laure: Wer cancelt was? Wien/Hamburg 2022

Novak, Andreas: Salzburg hört Hitler atmen. München 2005

Oertel, Christine: Rudolf Hermann Eisenmenger und sein Eiserner Vorhang. Museum in Progress, 2017

Pfabigan, Alfred: Karl Kraus und der Sozialismus. Wien 1976

Reinhold, Bernadette: Oskar Kokoschka und Österreich. Facetten einer politischen Biografie. Wien 2023

Renoldner, Klemens: „Der Sieg der Gewalt macht mich heimatlos“ Stefan Zweigs Abschied von Europa. Wien-Museum Magazin, 2014

Rieser, Susanne: Bonbonfarbene Leinwände, in: Albrich/Eisterer/Gehler/Steininger: Österreich in den Fünfzigern. Innsbruck 1995

Rühm, Gerhard: The phenomenon of the „wiener gruppe“ in the vienna of the fifties and sixties, in: Peter Weibel (Hrsg.): die wiener gruppe: a moment of modernity 1954–1960 / Ausstellungskatalog zur Biennale in Venedig, Wien & New York 1997

Schulmeister, Sarah Noemi: Ein Festspiel für Österreich. Kreneks Oper „Karl V.“ im Kontext der politischen Entwicklungen der frühen 1930er-Jahre. Diplomarbeit Musikwissenschaft. Universität Wien 2012

Stolz, Robert und Einzi: Die ganze Welt ist himmelblau. München 1980
Straub, Wolfgang (Hg.): Alpensagas und Modelldörfer. Heimatbesichtigungen in Literatur und Film. Innsbruck 2020
Suchy, Irene: Das Werden der Staatsoperette in Originaldokumenten – Rekonstruktion eines Prozesses. Wien. Vorlass Novotny, Dst-Handschriftensammlung. N1.29-3
Szyszkowitz, Gerald: Wie man wird, was man sein möchte. Erinnerungen eines Fernsehspielchefs. Wien 2022
Tálos, Emmerich/Neugebauer, Wolfgang: Austrofaschismus. Beiträge über Politik, Ökonomie und Kultur 1934–1938. Wien 1984
Tálos, Emmerich: Das austrofaschistische Herrschaftssystem. Wien 2013
Tóth, Barbara/Czernin, Hubertus (Hg.): 1986. Das Jahr, das Österreich veränderte. Wien 2006
Tieber, Claus: Kulturkampf in Österreich. Skriptum im Auftrag der IG-Kultur. Wien 1996
Turrini, Peter: Turrini Lesebuch. Stücke, Pamphlete, Filme, Reaktionen. Wien, Zürich 1978

Die Webseite „Anno" der Österreichischen Nationalbibliothek und verschiedene Websites der Österreichischen Akademie der Wissenschaften, etwa die nun digital zugänglichen Tagebücher Arthur Schnitzlers

PERSONENREGISTER

ZEITGESCHICHTE – PACKEND ERZÄHLT

ALS DIE NACHT SICH SENKTE

Europas Dichter und Denker zwischen den Kriegen und am Vorabend von Faschismus und NS-Barbarei

224 Seiten | Hardcover mit SU
mit zahlreichen s/w-Abbildungen
ISBN 978-3-8000-7729-8

DIE FLUCHT DER DICHTER UND DENKER

Wie Europas Künstler und Wissenschaftler den Nazis entkamen

208 Seiten | Hardcover mit SU
mit zahlreichen s/w-Abbildungen
ISBN 978-3-8000-7680-2

RÜCKKEHR IN DIE FREMDE HEIMAT

Die vertriebenen Dichter und Denker und die ernüchternde Nachkriegs-Wirklichkeit

200 Seiten | Hardcover mit SU
mit zahlreichen s/w-Abbildungen
ISBN 978-3-8000-7765-6